LE CURÉ DE SALBRIS,

OU LE FÉNELON DU VILLAGE,

PAR E. VANDERBURCH.

JOLIE ÉDITION, ORNÉE DE VIGNETTES SUR BOIS ET DE CINQ LITHOGRAPHIES, PAR KARL LORILLOT.

PARIS,

MAGEN, Libraire, quai des Augustins, 21. | LOUIS JANET, Libraire, rue St-Jacques, 59.

1838.

LE CURÉ

de Salbris.

LE PETIT NEVEU

DE BERQUIN,

PAR EMILE VANDER-BURCH,

4 VOLUMES IN-12, ORNÉS DE 24 GRAVURES
ET VIGNETTES SUR BOIS.

IMPRIMERIE DE A. DEGOUY.

PIERRE BEZARD

Curé de Salbris

LE CURÉ
DE SALBRIS,

OU

LE FÉNÉLON DU VILLAGE,

HISTOIRE CONTEMPORAINE,

Par Emile VANDER-BURCH,

Jolie Edition,

ORNÉE DE VIGNETTES SUR BOIS ET DE CINQ LITHOGRAPHIES, PAR KARL LOEILLOT.

Domestica facta.

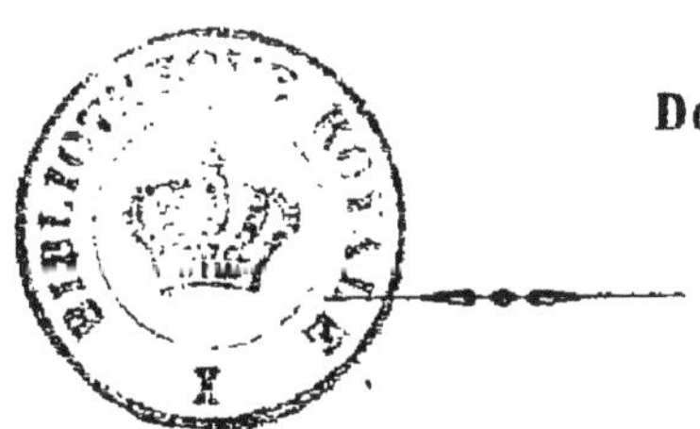

PARIS,

MAGEN, Libraire, quai des Augustins, 21. | Louis JANET, Libraire, rue St-Jacques, 59.

1838.

A M. l'Abbé Cons,

CHEF D'INSTITUTION A ORLÉANS.

Ce n'est point une épître dédicatoire au moins, ne le croyez pas une minute, mon cher et excellent abbé ; outre que le temps des dédicaces est passé, je n'ai jamais eu la sottise ou la vanité d'en faire. Mais enfin, je m'avise aujourd'hui, moi écrivain léger, moi vaudevilliste populaire et tant soit peu grivois, de marcher sur un terrain que je pourrais appeler sacré ; de cette même plume qui dessina récemment les gambades du Gamin de Paris, j'ose retracer la vie pure et touchante d'un bon et simple Curé de campagne, que j'ai connu intimement, et qui fut même allié à ma famille. Cela ne semblera-t-il pas une mauvaise plaisanterie à quelques personnes ? Ne sera-ce pas un sacrilége aux yeux de bien du monde ? et ne dois-je pas demander pardon au public de cette audace ou plutôt de cette irrévérence ? Vous me direz peut-être, en confidence, que le public, auquel on donne cinquante volumes par mois, sans compter les gazettes, ne s'occupe guère de vos vertus privées que vous cachez si bien, et de mes billevesées que je jette au hasard sur nos théâtres pour y vivre quinze jours. Vous avez sans doute raison ; mais je persiste à croire qu'un nom respecté et respectable comme le vôtre, placé en tête de ce petit livre, lui sera une excellente garantie, comme serait le nom de Rothschild ou de Lafitte derrière un billet à ordre de quelque petit marchand de la cité, qui inspirerait par lui-même peu de confiance. Cette manière de préface, est donc tout bonnement une lettre de crédit que je tire sur vous, et je vous demande, pour cela, indulgence plénière.

Je n'ai pas besoin de vous parler de ma bonne foi en écrivant ce livre, à vous qui me connaissez si bien et qui m'avez souvent deviné; vous êtes de ces hommes qui lisez couramment dans le cœur des autres hommes, vous comprenez l'humanité et ses contrastes, l'esprit humain et ses oppositions; vous comprenez que l'on ait à la fois du doute et de la croyance, que l'on soit jovial aujourd'hui, sublime demain; que l'on fasse un chapitre de Zadig et un acte de Mahomet. Je fais, certes, un rapprochement ridicule; mais il tend à vous prouver, sans parler de talent, que les inspirations naissent chez nous droites ou irrégulières, sévères ou plaisantes, folles ou sages, selon qu'elles nous viennent du cerveau ou du cœur. Encore un peu je ferais de la science, arrêtons-nous là.

C'était un besoin pour moi d'écrire ce petit ouvrage : voilà près de huit ans que je le médite et que je me consulte. Enfin, le voilà tel qu'il est, tel qu'il m'était donné de le faire.

« C'est là tout mon talent, je ne sais s'il suffit. »

Et je m'applique à bon droit ce vers de notre admirable Lafontaine, admirable de naïveté. Non, en vérité, je ne sais s'il suffit, pour rendre la pensée qui me domine, pour la rendre entière, utile, populaire, comme ce fut mon ambition. Ah ! mon cher abbé, ce n'est point fausse modestie, c'est sincèrement que je vous parle : un petit livre populaire est une grande tâche, c'est toute la vie, toute la gloire d'un écrivain. Il n'y a que les gens lettrés qui lisent les Études de la nature, quel est le paysan qui ne connaît pas Paul et Virginie ? Paul et Virginie, le livre le plus simple, le plus touchant, le plus parfait des petits livres.

Bernardin de Saint-Pierre était aussi mon parent : il m'a conté qu'à son retour de l'Ile-de-France, il était dans un entier dénuement ; il fut proposer son mince volume à dix-sept libraires de Paris ; tous le lurent, pas un ne l'imprima ; quelques-uns lui rirent au nez ; un seul le comprit, ce fut M. Didot, et il comprit aussi l'homme de génie qui avait fait ce petit livre ; l'auteur devint son gendre, Paul et Virginie eut mille éditions, et le premier consul, qui donna à Bernardin de Saint-Pierre l'institut et le ruban de la légion-d'honneur, ne l'appelait pas autrement que l'auteur de Paul et Virginie. Quelle fortune ! quelle gloire pour un petit livre ! mais aussi, quel petit livre ! En souvenir et en reconnaissance de ce qu'il devait à son ouvrage, l'auteur voulut en immortaliser le titre dans sa propre famille ; son fils s'appela Paul, sa fille Virginie ; que mon cousin, et ma charmante cousine, Mme la comtesse de G...., me pardonnent de les mettre en jeu ! Mais il y a quelque chose de bien doux pour moi dans ce souvenir de nos premières années, alors qu'un palais de rois était l'asile de notre enfance. (*)

Oui, écrire l'histoire toute simple et sans drame du vieux curé de Salbris, que nous appelions le bon oncle, était un besoin pour moi. Le succès que j'en espère, c'est que quelques honnêtes gens la lisent, qu'un digne prêtre comme vous comprenne bien le motif pieux qui me l'a fait entreprendre; c'est que ce petit livre aille aux mains des gens de village surtout, car c'est principalement à eux que je le destine. Plus heureux encore si quelque pasteur de campagne y puise l'exemple de toutes les vertus chrétiennes, celle surtout de la tolérance.

Nous avons vu bien des folies religieuses de nos jours, sans parler

---

(*) Le Louvre.

des autres ; et pourtant l'époque des schismes est passée. Nous avons eu les Saint-Simoniens, les Templiers et l'abbé Châtel ; s'ils eussent prospéré le moindrement, nous aurions peut-être à l'heure qu'il est des Anabaptistes, des Flagellans et des Convulsionnaires. Tout cela a fini par des chansons, grace au bon sens du peuple, parce que notre peuple, léger, turbulent, spirituel et brave, a plus de bon sens que les faiseurs de cultes modernes ; que, malgré son indifférence pour le dogme catholique, il n'a pas renoncé à toute croyance. C'est un peuple bien singulier et qui réunit toujours les extrêmes ; il jure et il prie, il abat les croix et s'agenouille aux enterremens, il va à la messe le matin et au cabaret le soir. Je ne parle pas du peuple de Paris, je parle du peuple de toute la France ;

car il semble à certaines gens qu'il n'y ait du peuple qu'à Paris. Or moi, je crois le moment opportun, et sans être un grand moraliste, je viens dire à ce bon peuple, peuple des hameaux et des villages : Jouissez de nos institutions nouvelles, et méfiez-vous des belles promesses de nos soi-disant réformateurs ; adoptez les nouveaux procédés quand ils sont bons ; prenez le système décimal, l'enseignement mutuel, les bateaux à vapeur, et les chemins de fer quand il y en aura ; mais gardez vos curés, ces bons vieux pasteurs de campagne, qui sont peuple comme vous, pauvres comme vous, oubliés comme vous ; qui vous aiment, qui vous soulagent, qui vous consolent, et qui vous sont cent fois plus utiles que les juges de paix.

Le Convoi.

Clouillot f^t — Lith. de Villain

LE CONVOI

I.

LE CONVOI.

NE voiture assez élégante, de celles que l'on nomme coupé, était arrêtée sur la place du petit village de Nouan-le-Fuzelier, en Sologne. C'était par une belle matinée de juillet 1828 : un postillon s'empressait à dételer deux chevaux couverts de sueur et de poussière ; un autre se préparait à le remplacer, et sortait d'une porte charretière, son chapeau ciré sur l'oreille, sa veste aux cent boutons sur le dos, le véritable fouet de poste à la main, traînant ses grosses bottes sur le terrain caillouteux, tandis qu'un jeune garçon d'écurie conduisait par la bride deux coursiers limosins, assez bien nourris pour des coureurs de profession.

Quelques paysans curieux, ils le sont en Sologne comme ailleurs, entouraient la voiture. L'équipage semblait plutôt destiné à glisser légèrement sur le pavé d'une grande ville, qu'à rouler péniblement sur une route sablonneuse ; mais ce n'était pas un motif d'admiration pour nos bons Solognots : ce qui causait leur étonnement, c'était un monsieur bien poudré, en habit noir, en culotte courte, avec jabot et manchettes fort bien plissés, qui était descendu lestement de la voiture, une bourse de velours à la main, payant le guide, allant, venant, prenant les ordres d'un autre voyageur caché au fond du carrosse, auquel il ne parlait que chapeau bas ; ce qui faisait supposer que le voyageur invisible était quelque haut personnage, et que le beau monsieur à jabot était tout bonnement un domestique.

Lorsque les chevaux frais parurent, le voyageur qui ne s'était pas encore montré, mit aussitôt la tête à la portière d'un air de mauvaise humeur. C'était un petit vieillard vert et potelé, au double menton, à l'œil petit et vif, de ces figures où l'on voit une candeur étudiée que trahit souvent une finesse naturelle, qui annoncent l'église et surtout la prélature. Rien ne prouvait, au reste, que le porteur de cette figure fût un ecclésiastique ; il portait le chapeau rond, le col noir sans rabat, une bonne douillette de soie puce, car les nuits sont fraîches en tout temps. Ce pouvait être le premier président de Bourges, le préfet de l'Indre, ou toute autre chose, et cependant le plus épais rustaud de Nouan, avec une barrette au bout, cela vaut bien la peine que l'on passe une nuit blanche!.. Si j'avais toujours dormi, mon cher Bertevin, je serais peut-être encore petit vicaire à Saint-Martin d'Autun.—Je sais que Monseigneur n'a pas l'habitude de dormir lorsqu'il faut veiller. — Regardez donc, Bertevin, cette route est couverte de monde... des piétons, des charrettes, des carrioles. — Des pataches, Monseigneur; ce sont les cabriolets du pays. — Oh! mais, voyez donc! toute la population est sur pied! — Il se tient quelque foire aux environs, ce qu'on appelle une assemblée par ici. — La plupart de ces bonnes femmes portent des cierges. — Oh! oh! Monseigneur, c'est quelque saint en vénération que l'on chôme; il n'est si petit bourg de la Sologne qui n'ait sa relique pour guérir de la fièvre. J'ai habité dix ans le Blaisois et Châteauroux, et, je l'ai remarqué, ce pays est très-superstitieux. — Tant mieux! tant mieux, vraiment!.. la superstition est une bonne chose. Laissons-la vivre, mon cher Bertevin, elle ne nuit jamais, elle fait la fortune du clergé et la consolation du peuple.

Oui, je me rappelle l'esprit de ce pays, quoique je l'aie quitté depuis bien longtemps. Je suis un enfant du Berry, mon pauvre Bertevin; je suis né à Saint-Amand, département du Cher, comme on dit aujourd'hui; j'ai fait ma cléricature au séminaire de Bourges.

Je croyais Monseigneur placé dans les ordres par sa naissance. — Bon dieu non, la noblesse de mon père était des plus minces, c'était un bon marchand de moutons, il avait une nombreuse famille. J'ai pris la robe noire pour ne plus lui être à charge, et parce que je m'ennuyais de garder les vaches. Le grand prieur de Saint-Etienne de Bourges fut mon premier protecteur; je me suis promené, en disant des messes comme simple vicaire, à Nogent, à Auxerre, et enfin à Autun. Là, je fis la précieuse connaissance d'un prince de l'église qui devint plus tard un prince séculier; ce prince m'a toujours donné quelques marques de sa bienveillance, si bien que le consulat m'a vu curé d'un chef-lieu. Je me suis élevé sous l'Empire à la dignité de grand vicaire, je suis évêque depuis la Restauration, et, par Notre-Dame de Douai! mon fidèle Bertevin, je ne vois pas pourquoi je ne deviendrais pas archevêque de Strasbourg.

Cette conversation, mêlée de quelques aveux naïfs de Monseigneur, avait duré environ trois quarts d'heure, lorsque l'élégant coupé roula sur le pont de bois du petit village de Salbris, pont nouvellement construit à cette époque, et jeté sur la Sauldre, à peu près sur le même gué où les antiquaires de Sologne prétendent que César passa cette rivière. Mais ce ne fut qu'à grande peine que la voiture de l'Eminence parvint sur l'autre rive, tant la foule des manans était grande à l'entrée du bourg; et cette affluence de Solognots endimanchés allait toujours croissante, si bien que Monseigneur fut trop heureux de s'arrêter devant le portail de la poste aux chevaux sans avoir écrasé personne.

Nous sommes perdus, Bertevin, s'écria le voyageur, voilà encore un retard ! nous n'arriverons jamais. Et en effet, non-seulement la foule encombrait toutes les avenues de la place et la place elle-même, mais il y avait une telle confusion de chariots et de pataches dans la cour de la poste aux chevaux, que Bertevin, tout en nage, fut vingt-cinq minutes avant d'obtenir les deux plus maigres haridelles de l'écurie. La voiture était attelée, elle avait déjà fait quelques tours de roues, Monseigneur se réjouissait déjà d'en être quitte pour une demi-heure perdue, lorsqu'en passant devant l'église il s'aperçut que toute cette multitude, toujours plus pressée et plus nombreuse, ne venait point pour assister à une fête, mais qu'elle se rendait, pieuse et affligée, à un service funèbre. Le porche vermoulu avait pour toute tenture, pour tout décors, un simple drap noir orné d'une croix blanche, c'était là tout le luxe de ce deuil champêtre. Là, point d'écussons armoriés voilés de crêpes, pour montrer l'orgueil de la vie au-delà de la vie. Point de velours à franges semé de larmes d'argent ; les larmes, elles étaient dans les cœurs de deux mille assistans dont les regrets étaient sincères, car ils n'étaient pas les héritiers de celui dont ils déploraient la perte.

Arrêtez, arrêtez ! dit l'évêque au postillon, et le postillon s'arrêta, car aussi bien il lui eût été impossible de faire deux pas de plus. Des femmes, de jeunes enfans, étaient poussés jusque sous les pieds de ses chevaux. Le voyageur, saisi du respect naturel que l'on porte à ceux qui ne sont plus, et commandé aussi par le caractère sacré dont il était revêtu, descendit silencieusement de voiture, oubliant pour l'instant toute pensée mondaine, et l'archevêché de Strasbourg, et son ambition sainte, et le chapeau rouge qu'il allait quêter à Valençay.

Au milieu de tant de monde, personne ne semblait occupé d'autre chose que de sa triste pensée; on voyait que ce n'était point la curiosité qui causait cette grande réunion, où chacun était comme isolé. Le futur cardinal comprit ce sentiment profond que ces bons villageois éprouvaient sans s'en rendre compte, il respecta ce recueillement et n'osa interroger personne. Le corps du défunt sortit de l'église, ce fut alors un autre tableau plus touchant, plus majestueux encore. Cette grande assemblée, un moment auparavant calme et silencieuse, devint tout-à-coup agitée et bruyante, mais non pas de ce bruit que l'on remarque quand la tourbe se porte à un feu de joie ou à un spectacle; c'était comme une seule plainte qui s'élevait de la terre vers le ciel, comme le son lointain de l'orage, la voix mourante de l'orgue; c'était les sanglots, les gémissemens d'un peuple; c'était douloureux, c'était imposant comme le premier motif du *dies iræ*. L'ecclésiastique fut ému, il ne put retenir quelques larmes, et pourtant, il ne connaissait pas celui que tant de regrets saluaient à ce moment suprême, que tant de cœurs suivaient à sa demeure dernière. Quel était ce mort tant pleuré? quelque grand de la terre, un seigneur généreux? une noble dame bienfaisante? un magistrat intègre.....?

Au premier tintement de la cloche funèbre, une jeune fille, enfant de douze à treize ans, tomba à genoux auprès de la voiture, plaçant ses mains sur ses yeux pour cacher ses larmes, et ne pouvant dire que ces seuls mots : ô mon Dieu ! ô mon Dieu ! — Pauvre petite, dit l'inconnu, en lui tendant la main pour la relever, vous pleurez sans doute un parent qui vous était cher? — Oh ! bien plus, reprit l'enfant, en redoublant ses sanglots, sans regarder celui qui lui parlait, car c'était un père et nous ne le verrons plus ! Puis, comme l'étranger était parvenu à la mettre debout, la soutenant dans ses bras, elle le regarda avec une timidité mêlée de surprise : Comment, monsieur, lui dit-elle ingénuement, c'est notre bon curé qui est mort, et vous ne pleurez pas ! — Votre curé, reprit l'évêque, il était donc bien aimé? — Oh! oui, monsieur, et il le méritait. — Ce que je vois en est la preuve. Et comment se se nommait-il, mon enfant? Je suis prêtre moi-même, et je veux garder le souvenir de ce digne pasteur qui emporte tant de regrets. — Oh! oh! vous iriez bien jusqu'à Vierzon, à Méhun et plus loin encore, qu'il n'est si petit enfant ou si vieux grand-père qui ne puisse vous dire son nom; partout on le connaissait, car il a fait du bien partout; et quand il passait quelque part, avec sa soutane noire et ses cheveux blancs, tout le monde retirait son chapeau en disant : c'est ce bon M. Bézard, le curé de Salbris. — Bézard, reprit vivement l'évêque, Pierre Bézard! — Oui, Pierre Bézard, ajouta l'enfant, c'est bien cela; j'ai vu si souvent son nom sur les tableaux, dans l'église et dans la chapelle! Est-ce que vous le connaissiez, monsieur? — Oui, mon enfant, Pierre Bézard a été mon ami, mon compagnon d'études, je ne l'avais pas vu depuis cinquante ans. — Et mon grand-père à moi, reprit la jeune fille, depuis cinquante ans il ne l'a pas quitté ; il était son voisin et son ami, nous sommes arrivés de Souesmes exprès pour l'enterrement...... Tenez, tenez, voilà la grande croix, voilà les enfans de chœur avec les beaux chandeliers, et puis M. le curé de Thiellay et tous les autres, et les chantres aussi, ils ont tous leurs chapes....... Et ses sanglots interrompirent de nouveau la pauvre petite.

Le cortége s'avançait d'un pas lent, les gémissemens de la multitude couvraient les chants religieux, tous les curés des environs s'étaient empressés de venir rendre les derniers devoirs à leur doyen d'âge, au digne pasteur qui leur avait donné un si long exemple de vertus. Le corps du saint homme était porté par ceux que le bourg de Salbris comptait comme ses plus notables et plus honorables habitans. Ce n'était pas le fait le moins touchant de cette pieuse cérémonie ; puis venait derrière le cercueil la foule des paroissiens confondus tous ensemble, jeunes et vieux, riches et pauvres, au nombre de plus de six cents, portant tous un cierge à la main, et n'ayant tous qu'une seule pensée, l'affliction.

Le cortége fit d'abord le tour de la petite église paroissiale de Saint-Georges, puis on s'achemina vers une chapelle située à l'extrémité du bourg. L'étranger apprit de la jeune fille, que, selon le désir du bon curé, son corps ne devait pas être porté au cimetière, mais dans le chœur de la chapelle, que l'on nomme dans le pays la Bonne-Dame-de-Pitié. Nous irons jusque-là, mon enfant, dit le monsieur inconnu, c'est aussi un devoir pour moi de conduire au lieu de repos celui qui fut pour moi un ami, un mentor; et, la tête nue, tenant sa petite compagne par la main, un prélat, dont les assistans ne soupçonnaient pas la présence, suivit humblement à pied le modeste convoi d'un pauvre curé de campagne qu'il avait oublié pendant sa vie, et dont la vie exemplaire était pour lui comme un reproche.

Pendant ce temps, le postillon Gaudron planté sur son cheval, et monsieur le valet de chambre Bertevin, immobile devant la voiture, ne savaient que penser de la brusque disparition de l'Éminence, qu'ils avaient vue se perdre dans la foule et qu'ils ne voyaient plus reparaître. Comment! se disait Bertevin, qu'est-ce que cela signifie? Monseigneur qui était si pressé, qui voulait crever dix chevaux pour arriver plus vite, le voilà lui-même en suite d'une procession! je n'y comprends plus rien. — Ma grand'foi! marmottait Gaudron entre ses dents, voilà un farceur de voyageur ben *agouant* (*)! Il me laisse là en plan avec sa patache et mes deux bêtes; s'il veut entendre la grand'messe, qu'il ne se gêne pas, mais il paiera un fameux pour-boire. Mais

(*) Taquin, bizarre, homme singulier. Expression usitée dans le pays.

le voyageur, tout au sentiment qui le faisait agir, ne songeait plus au postillon, à la voiture et aux vingt lieues qu'il lui restait à faire pour arriver à Valençay. La petite Lili, pour sa part, toute chagrine qu'elle était au fond du cœur, avait déposé un tant soit peu de son affliction, fière qu'elle était de donner publiquement le bras à un vieux monsieur si bien habillé et qui portait un ruban rouge à sa boutonnière, que chacun regardait avec étonnement et curiosité, et qu'elle pensait devoir être quelque curé d'Orléans ou de Romorantin. La petite chapelle de la Bonne-Dame et le terrain voisin étaient loin de pouvoir contenir tant de monde; mais le respect fut tel, que personne ne se pressa pour entrer, dans la crainte de causer le moindre désordre. On se rangea cependant pour faire place au monsieur inconnu, et la jeune Lili était bien plus fière encore de se voir introduite ainsi dans la chapelle où ne devait pénétrer qu'un petit nombre d'élus. Comme le clergé défilait devant lui pour transporter le défunt du porche dans le chœur, le monsieur interrogea son guide enfantin sur les individus qui étaient le plus en évidence dans cette pieuse cérémonie. Quel est ce vieillard à figure respectable, lui dit-il, et qui semble précéder les autres desservans ? — Oh ! répondit l'enfant, c'est M. Desfossés, notre bon curé de Souesmes ; l'autre, qui a des cheveux bien blancs aussi, et qui lui parle tout bas, c'est monsieur l'abbé Feuillâtre, curé de Pierrefitte. — Voici un prêtre beaucoup plus jeune que les autres et qui ne porte qu'un surplis ; serait-ce le vicaire de cette paroisse ? — qui fait signe à Jacques Caillat le sacristain ? oh dam ! non, monsieur, c'est le curé de Nouan, M. Latron ; oh ! un bien brave homme aussi, allez ; les autres qui entrent dans le chœur à présent, je les connais bien tous, mais je ne sais pas leurs noms. Voilà là bas le curé de Tremblevif, celui de Saint-Genoud ; celui-là, plus petit, c'est le curé de Nançay ; les deux autres plus loin sont ceux de Thiellay et de Marcilly. Ah dam ! ils ont tous voulu venir ; le roi mourrait que ça ne serait pas plus beau. — C'est vrai, mon enfant, et quelles sont les personnes qui portent le cercueil de votre bon pasteur ? Dam ! monsieur, le premier ici à droite, c'est M. Beaubois, l'ancien maître de poste; il vient de prendre le bâton à la place de M. Grosset le notaire ; celui à côté, c'est mon parrain Chandor ; l'autre en face, c'est M. le maire lui-même. — Et le quatrième, mon enfant ? — C'est mon grand-père, monsieur, je suis arrivée avec lui de Soucsmes ce matin ; et la pauvre petite Lili se mit à fondre en larmes, car les chantres venaient de finir.

Après les derniers psaumes, tous les assistans s'agenouillaient, et les restes mortels de celui qui avait été le curé de Salbris, étaient déposés dans une tombe creusée au pied de l'autel... Ce n'était point des mains mercenaires qui couvraient de terre ce cercueil, c'était des mains amies, pas une qui n'eût pressé cent fois celles du vénérable défunt. Au milieu des gémissemens sourds qui remplissaient la chapelle, une voix inconnue se fit entendre non loin de la fosse, les plus voisins purent entendre ces mots : « Adieu, homme de bien ; repose en paix, « car ta vie a été utile aux hommes et agréa- « ble à Dieu ; tu as été juste et tu as mérité « le sommeil des justes. » La voix qui parlait devint plus faible, on cessa de l'entendre, étouffée qu'elle était par les sanglots de la multitude ; chacun se retira en silence, et il ne resta plus dans la chapelle de la Bonne-Dame-de-Pitié qu'une tombe solitaire encore sans monument, et dont quelques fleurs faisaient la seule parure.

Vingt-cinq minutes après l'inhumation du bon curé, le postillon Gaudron, un écu dans une main, une bride dans l'autre, rentrait avec ses deux bêtes dans l'écurie de maître Soupiron. Bertevin, d'après l'ordre de Monseigneur, avait fait remiser la voiture sous le hangar du Bœuf-Couronné, et ployait la douillette sur une chaise, tandis que Mme Jory, sa gracieuse hôtesse, lui préparait un copieux déjeûner. A la figure sévère et inquiète de M. le valet de chambre, on pouvait juger qu'il était peu satisfait de voir un voyage nécessaire retardé ainsi brusquement, et sans qu'il pût en deviner la cause. Pour prendre patience et user le temps, l'honnête Bertevin se mit à table, car il n'avait rien de mieux à faire.

Pendant ce temps, Monseigneur, avec une simplicité toute curiale, traversait la grande rue du bourg de Salbris, tenant toujours la petite Lili par la main ; on les vit passer sur la place de l'Eglise et entrer dans une maison voisine du presbytère, maison petite et fort simple, mais dont une extrême propreté faisait l'ornement.

Dans une chambre assez vaste étaient réunies plusieurs personnes qui se levèrent à l'arrivée de l'étranger ; au milieu d'elles se distinguait un homme d'un certain âge, au visage franc et ouvert, et qui paraissait comme le patriarche de cette maison ; la petite Lili courut à lui : Grand-papa, dit-elle, voilà un vieux monsieur qui est un prêtre aussi, qui a bien connu le bon curé, et qui veut vous voir pour vous parler de lui. — Soyez le bien venu, monsieur, dit le vieillard en s'inclinant et en s'approchant du voyageur, avec cet air de cordialité et de confiance qui témoigne, chez les gens aisés de la campagne, l'habitude de l'hospitalité. Vous n'êtes pas ici chez moi, mais c'est tout comme, je pense, car mon vieil ami que voilà me permettra bien de vous recevoir chez lui. — Le hasard seul m'a conduit en cet endroit, répondit l'inconnu, je me présente à titre d'ancien ami du vertueux Bézard, et je n'ai pas craint d'être indiscret; admettez-moi, je vous prie, dans le deuil de famille qui vous rassemble aujourd'hui, je viens pleurer avec vous; parlez-moi de cet homme de bien, contez-moi son histoire, sa vie tout entière; je sais que vous étiez lié avec lui, et moi qui le connus le premier, moi son ancien condisciple, près de cinquante années semées de troubles et d'évènemens extraordinaires m'en ont séparé!

La plupart des assistans s'éloigna, sans

doute par discrétion, et le patriarche de Souesmes, prenant sa petite-fille par la main, conduisit l'étranger dans le jardin du presbytère, demeure bien modeste et bien pauvre, plus vide et plus nue encore en ce jour par l'absence du bon pasteur. Venez, monsieur, dit le vieillard, et pardonnez-moi de verser encore quelques larmes ; mais, je ne puis revoir cette maison, ce jardin, sans éprouver une émotion profonde. Que de fois je suis venu ici demander des conseils ou chercher des consolations! Voici la chambre hospitalière où j'ai couché si souvent, voilà des arbres qu'il a plantés et greffés lui-même ; il prétendait que leurs fruits étaient les meilleurs du canton : il avait pour ses abricotiers un orgueil tout paternel, et il se mettait en colère quand je lui apportais des poires meilleures que les siennes. Puis on passa sur un pont qui n'était qu'un tronc d'arbre renversé, on arriva dans une petite île ombragée, entourée de roseaux et baignée par la Sauldre, et là, assis sur un banc de gazon peu régulier, dont le bon curé avait été aussi l'architecte, le vieillard, après avoir consulté ses souvenirs, s'empressa de satisfaire la curiosité de son hôte inconnu.

Les Dragons.

KLoeillot F.

Lith. de Villain

LES DRAGONS DANS L'ÉGLISE

II.

LES DRAGONS.

Vous me demandez de vous raconter la vie entière du digne homme que nous pleurons aujourd'hui ; hélas ! monsieur, l'histoire d'un pauvre curé de campagne est fort simple et peu chargée d'évènemens ; je vous aurai quasi tout dit, quand je vous aurai dit : Pierre Bézard était desservant de Salbris depuis quarante-cinq ans. C'était le plus pur, le meilleur des hommes, il a fait tout le bien possible, jamais de mal ; que pourrait-on mettre de mieux sur la tombe d'un évêque ? Vous l'avez connu enfant, vous avez pu apprécier mieux qu'un autre les qualités qui le distinguaient dès ses plus jeunes années. Son père était un bon marchand drapier de Bourges, une de ces vieilles probités qui sont héréditaires ; il n'avait que Pierre de garçon, car Pierre avait quatre sœurs ; aussi ce fils était tout l'orgueil de son père, qui voulait lui laisser son commerce, et assurer, disait-il, son bien-être en le mariant à quelque bonne Berrichonne bien cossue. Mais Pierre avait senti de bonne heure une vocation décidée pour l'état ecclésiastique ; ce n'était pas chez lui fanatisme précoce, ambition, égoïsme ou mépris du monde, comme cela s'est vu trop souvent; c'était chez lui conviction profonde, vocation réelle ; non pas vocation pour le cloître, il blâmait l'oisiveté des moines, il ne les regardait pas comme de véritables prêtres. Comme il le disait quelquefois lui-même, en nous parlant des frères Génovefins de Nevers : « Ces honnêtes capu-« cins ne font pas grand'chose de bon, ils « donnent beaucoup de cantiques à Dieu, « mais pas une obole au prochain ; ils sont « entre l'église et le monde, ils me font « l'effet d'être placés entre le paradis et « l'enfer. »

Le bonhomme drapier ne voulut pas entendre parler de tonsure : le vouloir de son garçon le désolait, cela rompait tous ses calculs, cela détruisait toutes ses espérances ; mais aucunes prières, aucunes considérations de famille ne purent changer la résolution que Pierre avait déjà prise ; il y avait aussi là-dedans un vieil oncle, chanoine je ne sais plus où, et qui avait contribué à la vocation du jeune homme. Si bien que, comme vous le savez, il fut ordonné prêtre lorsqu'il atteignait sa vingt-cinquième année. Ce fut, je crois, vers 1779 ou 1780.—C'est bien cela, interrompit l'évêque, que ses souvenirs reportaient au temps de sa jeunesse; oui, je me le rappelle, il était de 1755. Il était mon aîné de quatre ans.

J'étais bien petit garçon alors, moi qui vous parle, reprit le narrateur. Le papa Bézard avait pris son parti en brave, on lui faisait tant d'éloges de son fils, et Pierre avait si bonne façon avec sa soutane, que le bonhomme finit par être enchanté. Ce fut même une grande joie dans la famille, et un évènement dont le jeune Pierre se montrait tout glorieux. En récompense de sa conduite exemplaire, il fut nommé vicaire à St-Pierre-le-Guillard, sa paroisse; il regardait comme un augure favorable que la première église où il était desservant fût sous l'invocation de son patron. Le premier père de l'église était son saint privilégié. Ah dam! c'était son faible: croiriez-vous qu'il eut la bonhomie de m'avouer son regret de voir l'église de Salbris élevée en l'honneur de Saint-

Georges? Son patron à lui eût été plus de son goût, aussi n'a-t-il pas manqué de le mettre dans sa nef en statue et en tableaux; et quand venait la Saint-Pierre, c'était la fête par excellence, le grand jour; les cloches et la batterie de cuisine étaient en mouvement. Nous avions grand office et grand repas. Parbleu! M. de Varicourt, l'évêque d'Orléans, lui en a même fait un petit reproche, prétendant que, tout en fêtant son patron, il se festoyait un peu trop lui-même.

C'est donc à Bourges, comme je vous le disais, que je l'ai connu; il nous prêchait le catéchisme à Saint-Pierre-le-Guillard; et, tenez, c'est lui justement qui m'a fait faire ma première communion. Dam! M. l'abbé, cela ne nous rajeunit pas l'un et l'autre, de nous reporter à ce tems-là; j'ai pour ma part soixante ans bien comptés. — Je suis encore votre aîné, dit le voyageur; mais, de grace, continuez votre récit, il m'intéresse vivement. — Hé bien donc, reprit le narrateur, je vous dirai que mon bonhomme de père était procureur fiscal dans le petit bourg de Souesme; il venait quelquefois me voir à Bourges, et se fournissait de draps et de serge chez le père Bézard, si bien qu'il eut aussi l'occasion de connaître le jeune vicaire et de l'apprécier. Trouvant, l'année suivante, que j'en savais assez pour être cultivateur comme lui, et qu'il ne me fallait pas plus de latin que la quatrième pour conduire les travaux de la campagne, il me retira du collége. Arrivé au pays, notre vieux curé vint à mourir. Nous fîmes une petite conspiration pour nous emparer du vicaire de Saint-Pierre-le-Guillard; nous regardions comme une conquête de l'avoir pour pasteur. Notre bon seigneur M. de Chassy, qui a laissé aussi des regrets et un nom respectable, entra volontiers dans notre innocent complot; il sollicita par lettres auprès des autorités supérieures, mon père travailla de son côté, et je me mis en campagne. Je puis vous assurer que j'ai fait plus de trois cents lieues pour faire réussir cette entreprise, et voir M. Bézard curé de notre paroisse. J'ai été dix-huit fois à Orléans tourmenter le père Méreau le grand vicaire; je revenais toujours avec des promesses qui n'avaient pas de résultat; je retournais, je revenais encore. J'allais à Bourges jusqu'à trois fois par semaine, sans rapporter de nouvelles plus favorables; car le modeste vicaire tenait comme un beau diable à sa petite paroisse, et ne se souciait pas de la quitter, même pour une cure plus considérable que la nôtre. Il fallut presque un ordre de monseigneur l'évêque d'Orléans pour l'arracher à son vicariat; nous l'obtînmes enfin, et je fus chargé d'aller chercher moi-même le nouveau pasteur. Nos chevaux de labour et nos charrettes les plus propres furent mis en réquisition, et, tout glorieux de mon triomphe, je voiturai M. le curé, de Bourges jusqu'à son nouveau presbytère, avec tous ses paquets, son mobilier et deux de ses sœurs, qui ne voulurent jamais le quitter. Ce fut une fête pour notre petite bourgade, tant la réputation du nouveau desservant était faite dans le pays! Mais notre joie ne fut qu'un éclair; quelques mois après son installation, il nous fallut le perdre. L'ancien curé de Salbris qui était son parent mourut, témoignant, à son heure dernière, tout le désir qu'il avait de voir le jeune Bézard lui succéder. Le bonhomme ne pouvait pas laisser un plus bel héritage à ses paroissiens; tout fut dit, le vœu d'un mourant était sacré, et Salbris nous enleva notre pasteur comme nous l'avions enlevé à la petite succursale de Saint-Pierre-le-Guillard. Depuis lors il est venu demeurer ici, et il n'a plus quitté cette paroisse et ce presbytère; c'était pour lui le monde entier. Il était tellement attaché à son église et à ses habitudes, qu'il aurait, je crois, refusé le chapeau de cardinal; aussi, comme je vous l'ai déjà dit, voilà quarante-cinq ans qu'il dessert cette paroisse. — Comment, interrompit l'inconnu, l'archevêque de Bourges, l'évêque d'Orléans, celui de Blois, après de si longs services, ne se sont pas empressés de donner à ce saint homme le premier vicariat de leur siége? — Et bon Dieu! reprit le narrateur, en souriant d'un air ingénu, il faisait si peu de bruit, il tenait si peu de place! on ne songeait pas à lui. Une fois, on lui offrit une cure à Bourges, sa patrie, il a refusé; l'évêque de Blois, M. de Sauzin, qui s'y connaît en vertus pastorales, car il donne l'exemple à son clergé, a voulu le faire curé à Romorantin, qui est une belle sous-préfecture, et il n'a pas voulu quitter son pauvre village. Il n'y a pas encore bien long-temps, le digne M. de Varicourt, l'évêque d'Orléans, est venu ici pour la confirmation; il aurait bien voulu aussi faire cadeau de notre bon pasteur à son diocèse, eh bien! savez-vous ce que le modeste Bézard à répondu à Son Éminence? « Grand merci, Monseigneur, vous ne manquerez pas de prêtres vertueux et capables pour en faire des curés de grandes villes; ma place à moi est toute faite. Songez donc, Monseigneur, que toutes les grand'mères du pays je les ai baptisées! oui, oui, il faut que le curé de Salbris meure à Salbris. » Que répondre à des paroles si naïves et si touchantes, monsieur ?.... L'Evêque le comprit, fut ému et lui pressa la main.

Pour continuer cette histoire, comme vous me le demandez, le voilà donc installé ici; il commença par habituer ses paroissiens à ce qu'il appelait sa petite discipline, qui était plus indulgente que sévère. Il pardonnait bien des peccadilles, mais il détestait le mensonge; il trouvait cela une lâcheté, disant que l'on devait avoir le courage de ses actions. Il n'exigeait pas que l'on remplît avec un zèle outré les devoirs de la dévotion, comme le font assez volontiers les bonnes femmes des petites villes et des campagnes; il estimait autant ceux qui ne s'occupaient de ces devoirs qu'au temps de pâques, que ceux qui en faisaient habitude toute l'année. Vraiment il ne se gênait pas pour le leur dire en chaire, et pour leur adresser même quelques bonnes vérités en passant. Je me rappelle à ce propos un petit passage d'un de ses sermons que je n'ai jamais oublié :

« Non, mes chers amis, disait-il à ses fi-
« dèles, ce n'est pas seulement de s'appro-
« cher de la sainte table, et de venir sou-
« vent à confesse, qui fait la vraie piété;
« c'est d'y venir de cœur et de conviction,
« et non pas pour se faire remarquer, et
« pour faire croire que l'on est meilleur
« que les autres. Est-ce que vous croyez que
« je ne connais pas bien tout cela? Il y a
« des vieux et des bonnes femmes, qui
« n'ont plus rien à faire, et qui se disent:
« tiens, je vais aller *en confesse*, et ils vien-
« nent me dire du mal de leurs voisins.
« Passe encore pour m'ennuyer de leur ba-
« vardage, mais en sont-ils meilleurs pour
« s'être confessés le samedi et avoir com-
« munié le dimanche? Pas du tout; rentrés
« chez eux, tous ces beaux semblans de dé-
« votion n'y sont plus, et j'apprends quel-
« quefois sur leur compte des choses qui
« me font de la peine. C'est vous dire que
« je ne veux nommer personne, et que je
« ne vous parle de cela qu'en passant. »

Il se contentait de se moquer des ivrognes, et de leur lancer par-ci par-là quelques mots piquants, qui ne laissaient pas que d'avoir leur effet; il en a guéri quelques-uns avec la seule arme du ridicule. Je l'entendis une fois, aux fêtes de la Bonne Dame de septembre, dire à des buveurs qui avaient un grand nombre de cruchons vides sur leur table: « Hé bien! mes enfans, moi, je suis plus gourmand que vous, j'aime mieux boire très-peu de vin et qui soit bon, que d'en boire beaucoup comme vous et qui ne vaut pas le diable. »

Je n'en finirais pas, monsieur, si je vous contais toutes les anecdotes, tous les traits de bonté dont est semée la vie entière de notre ami; ma petite fille pourrait vous en dire quelque chose, et son langage enfantin ne pourrait qu'ajouter un charme de plus à un récit simple et vrai.

Vraiment, s'écria l'évêque, je veux qu'il en soit ainsi, et que la chère enfant me raconte aussi quelque chose. — Moi, monsieur !.. reprit Lili toute honteuse, je ne sais pas si je dirai bien ; mais je ne me ferai pas prier pour vous parler de mon bon ami. Il m'a fait faire aussi ma première communion, à moi comme à mon père et à mon grand-père ; il n'avait que cela à me rappeler, et je m'appliquais tout de suite à apprendre mon catéchisme et mes évangiles. Grand-papa vous parlait tout-à-l'heure de son indulgence à confesse ; je puis encore vous en donner une preuve. L'été dernier, j'ai passé une semaine chez mon parrain qui demeure, comme vous avez pu le voir, tout à côté d'ici. Nous nous glissions quelquefois le matin avec Adelaïde et Athalie, mes petites camarades, par les bouchetures de la haie, et nous lui emportions toutes ses violettes. Dam ! c'était voler tout de même ; les violettes appartenaient à monsieur le curé ; sans compter que, par-ci par-là, quand nous ne trouvions pas beaucoup de fleurs, nous escamotions quelques cerises, des pommes, ou une poignée de groseilles ; c'était bien mal, n'est-ce pas ? aussi étions-nous bien inquiètes de lui avouer en confesse que nous étions des voleuses, et que nous l'avions volé lui-même! Je me chargeai de ce péché-là, parce que je me sentais la plus coupable et que c'était moi qui avais entraîné les autres. A vrai dire, j'avais le cœur bien gros, il ne se fâcha pas cependant et il me donna l'absolution tout de même. Vois-tu, mon mignon, me dit-il, on peut prendre des fleurs et des pommes dans mon clos, je le veux bien, mais il ne faut pas en prendre chez les autres; et puis, il ne faut point passer par les bouchetures, parce que cela crève les haies, et puis les poules y passent et elles confondent tout. Tu me diras trois *ave* pour ce péché-là. — Et une autre fois, oh! j'ai eu bien peur; si vous saviez! et il y avait bien de quoi! Figurez-vous, c'était aux approches de Pâques; mademoiselle Madelon, la sœur de monsieur le curé, n'est pas tout-à-fait aussi bonne que lui, car elle bougonne toujours et elle vous donne souvent des bonnes claques; on l'appelle la tante Madelon, mais c'est une vieille méchante. Voilà donc qu'un soir il avait plu toute la journée, çà faisait des trous pleins d'eau devant la porte; je m'en vas avec la petite Chandor, devant la porte du maréchal, chercher du mâchefer dans nos tabliers pour boucher les trous. Il faisait presque nuit déjà, et le temps était bien sombre; je veux ramasser, je sens quelque chose comme un bonnet; c'était la tante Madelon qui ramassait aussi, et, comme dans ma frayeur j'avais renversé son panier, je croyais que c'était une bête, elle me donna un grand soufflet qui me fit comme un éclair; ma joue me cuisait et était toute rouge, je me mis à pleurer, et, en me sauvant, je l'appelai vieille tête d'âne. Ce n'est pas tout: la semaine d'après, c'était la confession générale, et figurez-vous mon chagrin, mon embarras, obligée d'aller dire à monsieur le curé que j'avais appelé sa sœur vieille tête d'âne. J'en fus chagrine et maussade toute la journée. Ce fut bien pis quand mon tour arriva d'entrer dans le confessionnal. J'avais le cœur bien gros, je tremblais ; oh ! je n'aurai pas l'absolution cette fois, me disais-je, c'est impossible ! et j'enviais le sort de la petite Soupiron et de mademoiselle Lémery, qui s'en allaient lestes et contentes comme deux petites saintes. Je respirais avec tant de peine que je ne pouvais presque pas parler. Je commençai par quelques petits péchés que l'on n'entendait pas beaucoup ; mais je ne pouvais pas y tenir, je suffoquais et je me mis à pleurer tout-à-coup comme si j'avais perdu mon grand-père. — Qu'as-tu donc, mon enfant, me dit le bon curé? Pourquoi donc que tu pleures comme çà ? — Hélas ! monsieur le curé, m'écriai-je en pleurant toujours, j'ai un si gros péché que je n'ose pas vous le dire. — Toi, Lili ! çà n'est pas possible, mon enfant. — Si, monsieur le curé, c'est un péché énorme ; et je pleurais encore plus fort. — Voyons, mon mignon, ne te désole pas comme çà ; ton péché n'est peut-être pas si gros que tu penses ? — Je n'oserai jamais, monsieur le curé. — Ose donc, ma Lili, ne sois pas bête comme çà ! Enfin, après bien des détours, et m'être essuyé les yeux bien des fois, je pris mon cœur à deux mains, et je me décidai.... Eh là ! monsieur le curé, j'ai appelé votre sœur vieille tête d'âne. — Tu as bien fait, qu'il me répond, et il se mit à rire, et j'eus mon absolution la même chose.

Tenez, M. l'abbé, reprit le grand-père, ce que vous raconte si ingénuement ma petite-fille, me rappelle une anecdote assez plaisante, et qui a fait l'amusement du village pendant quelques jours; c'est la confession de Cadet Gautier. — Cadet Gautier est un garçon de l'endroit, maçon de son état, et jureur, qu'il n'a pas son pareil six lieues à la ronde. Il ne fait pas un pouce d'ouvrage sans vous lancer des *f* et des *b* en veux-tu en voilà. C'est une habitude, et il n'y pense pas la plupart du temps. Si bien qu'il arrive un jour à confesse, s'accusant de jurer toujours à tout bout de champ, et sans trop savoir pourquoi. Le bon curé lui dit : Il faut que tu sois bien bête, de jurer comme çà pour oui et pour non à propos de rien. Mais je m'en vais te corriger de ce vilain défaut-là. — Oh! bien sûr, monsieur le curé, que vous me rendrez-là un grand service. J'ai essayé bien des fois ; je me suis mordu la langue, et çà ne m'a servi de rien. — Écoute, Cadet, toutes les fois qu'il t'arrivera de jurer, soit pendant ton ouvrage, soit dans la journée, compte-les bien, et, le soir, tu diras autant d'actes de contrition que tu auras juré de fois. C'est toute la pénitence que je te donne, va-t-en travailler. Voilà mon gaillard bien content : mais c'est que, le même soir, avant que de se coucher, il avait soixante actes de contrition à faire, et le pauvre diable fatigué dormait sur la besogne. Le lendemain il en avait tout autant, autant le troisième jour ; la semaine d'après cela commença à décroître ; il jura ainsi de moins en moins chaque jour, tant il y a qu'au bout de cinq mois il retourna à confesse, et que, tout bien calculé, il n'avait juré que vingt-six fois pendant la quinzaine. Le

bon curé aimait sa franchise et sa bonhomie, il allait quelquefois le voir dans son petit ménage. — C'est vrai, interrompit Lili, qui était bien aise de conter son anecdote; un jour d'hiver qu'il faisait bien froid, le pauvre curé rentra à la maison sans chemise, il l'avait déchirée pour panser un des enfans de Cadet qui s'était blessé. — Le vieillard, recueillant ses souvenirs pendant quelques minutes, continua ainsi.

Pour en revenir à l'histoire de notre patriarche dans sa suite naturelle, vous concevez sans peine qu'un tel homme devait vivre bien étranger aux affaires publiques. La politique était si peu de son ressort, qu'il ne connaissait même pas nos lois et nos institutions nouvelles. Il n'y a pas un an que dans un dîner où j'étais avec lui, on parla beaucoup de la chambre, et il me demanda tout bas de quelle chambre il s'agissait, si c'était celle des notaires.

et le vin et le pain six fois plus cher ; nos magistrats ont changé de noms, et les nouveaux n'ont pas plus d'esprit que les anciens ; notre chétive province s'appelait la Sologne, il faut dire à présent le département de Loir et Cher. Voilà de bien belles histoires et de bien merveilleux changemens !

Il fallut pourtant bien qu'il se rendît à l'évidence, et qu'il apprît un peu à ses dépens que je lui avais dit vrai, et que les affaires du ciel et celles de la terre venaient d'éprouver une terrible secousse. Un beau matin de brumaire ou de frimaire, comme on disait alors, mon bon Pierre entra dans son église, selon sa coutume, pour dire sa messe de six heures ; il faisait petit jour : figurez-vous sa surprise, sa stupeur, en y trouvant douze dragons établis et bivouaquant avec leurs chevaux, ayant fait un râtelier du banc-d'œuvre, et mettant sans façon l'avoine dans le bénitier!... Je ne vous peindrai pas sa figure comme je me la représente : ce devait être de l'étonnement, de l'indignation peut-être ; mais je suis sûr qu'il n'y avait point de courroux, et que sa bienveillance naturelle apparaissait encore à travers son mécontentement.

Vous pensez que ce fut une explosion d'hilarité parmi les dragons. Tiens, c'est le curé, s'écria l'un ; d'où sort-il celui-là, s'écria un autre? Que demandes-tu, mon bonhomme, dit en riant un troisième? Il n'y a plus de Bon Dieu, la Convention l'a supprimé le trois fructidor ; vive la République ! à bas la calotte! les *oremus* sont enfoncés, on n'en tient plus. Tu peux te marier, changer d'état, et traîner tes guêtres d'un autre côté. Tiens, citoyen curé, reprit un quatrième dragon, en lui frappant sur l'épaule, ne t'enfonce pas dans les aplatis, sois bon Français, nous partons pour l'Italie, nous allons faire danser le pape; viens avec nous, nous te ferons trompette, tu auras de l'agrément, et tu trouveras des connaissances; car nous avons déjà trois capucins dans le premier escadron.

Ce discours fort éloquent laissa au moins le temps au pauvre Pierre de revenir un peu de sa surprise; il jugea que parler raison ou théologie avec des dragons était peine perdue. Puis, donnant l'essor à leur gaîté, les soldats l'entourèrent, le prirent par les mains et le firent danser avec eux en chantant la Carmagnole. Le curé, faisant contre fortune bon cœur, et qui n'était point d'avis de faire le coup de poing ou de sabre, ne fit pas trop mauvaise figure; il se laissa aller, tourna et sauta, au bon plaisir des citoyens dragons, qui déclarèrent, à la fin de la ronde, que c'était un bon enfant de calotin.

Ah çà, mes camarades, leur dit à son tour le curé, nous avons dansé, c'est bien; vous faites votre besogne, je ne m'y oppose pas; mais moi, je veux faire la mienne, je m'en vas dire ma messe; et, sans attendre leur permission, il s'en fut à son autel et commença à officier comme à son ordinaire, sans avoir ni sacristain ni enfant de chœur, pendant que les citoyens dragons riaient, juraient et sifflaient, tout en étrillant leurs bêtes. Une seule femme du bourg vint entendre cette messe; elle vit encore, ma foi! vous pourriez la voir, c'est la doyenne du pays; on l'appelle la mère Thauvin-Boisquillon. Le plus joli de l'histoire, c'est que les soldats respectèrent le curé pendant toute la cérémonie. Bien mieux; quand il fut au moment de l'Elévation, se tournant vers eux, du haut des marches de l'autel: Mes enfants, leur dit-il, d'un ton plus familier que sévère, ce n'est pas pour moi que je vous le demande, c'est pour le Bon Dieu, mettez-vous à genoux; et il n'y a pas à dire, soit reste de croyance, soit qu'ils fussent convaincus par cette voix si douce et si touchante, ils ont laissé là leurs chevaux, ils se sont mis à genoux, et ont baissé la tête.

Le Retour.

E. Loeillot F^t. Lith. de Villain.

LE RETOUR

III.

LE RETOUR.

SON retour au presbytère, le bon Bézard en savait plus qu'à son départ. Pour un homme assez timide, il ne manquait pas de résolution, la sienne fut bientôt prise ; il envoya ses deux sœurs à Bourges dans leur famille et il partit le même jour pour Romorantin, n'emportant avec lui qu'un mince bagage. Là, il fut trouver un ancien compatriote, qui avait un petit commerce de librairie et d'imprimerie, lui offrit ses services et se fit garçon imprimeur. Il apporta son esprit d'ordre et son application dans son nouvel état, si bien qu'en peu de tems il fut plus au fait de la besogne que le bourgeois lui-même. Je fus le voir deux fois pendant son séjour à Romorantin, et je le trouvai à l'ouvrage, le bonnet de papier sur la tête, qui imprimait des proclamations contre les Vendéens, au nom de la république une et indivisible. A ma première visite, je ne le reconnus pas d'abord, tant il avait la barbe longue et le visage barbouillé de noir; il me sauta au cou en pleurant de joie. O mon fils, mon cher fils, me dit-il, vous voilà! Vous venez me voir!... Quelqu'un pense donc à moi? Je ne suis donc pas tout-à-fait oublié sur la terre? Il fut aussi visité le même jour par un autre de ses amis, l'abbé Jourdain, curé de Theillay, son camarade de séminaire, qui avait été fait prêtre le même jour que lui, et qui, forcé comme lui de quitter sa petite cure, s'était fait bravement maître de poste à la Loge, dans la même commune où il avait été desservant. Vous dire le bonheur, la joie de ces deux amis, en se revoyant ainsi dans ces momens de trouble et de danger, est impossible à décrire. Bézard pleurait comme un enfant; le reste de la journée fut cependant assez gai, car le citoyen maître de poste, qui avait du foin dans ses bottes, comme il le disait plaisamment lui-même, nous emmena dîner avec lui à son auberge du Lion-d'Or, où il nous traita fort bien malgré le maximum et la disette.

Ma seconde visite à l'imprimerie de Romorantin, est encore un souvenir qui se rattache à un évènement; car, dans nos campagnes, nous faisons un évènement de bien peu de chose; dans les villes, on ne regarde comme tels que les grandes catastrophes. Je trouvai mon pauvre Bézard fort inquiet, fort agité, et je craignis d'abord qu'il ne lui fût arrivé quelque malheur; mais je fus bientôt rassuré : car comme je lui demandais pourquoi je le trouvais soucieux contre son habitude, il ferma mystérieusement la porte, me demanda à plusieurs reprises si je ne savais rien, si je n'avais rien entendu dire, et si le représentant Laplanche et Margot le boucher, et toute leur bande, n'étaient point dans la ville. Je lui dis que non, et que tout me paraissait fort tranquille à Romorantin; ce fut alors qu'il me raconta l'aventure qui le troublait ainsi. C'était pour un saint, mort depuis plus de quatre cents ans, qu'il se mettait si fort en peine.

Mais, monsieur l'abbé, continua le vieillard, en reprenant haleine, pour que vous compreniez bien ceci, il me faut remonter un peu plus haut.

Vous saurez d'abord que nous avons, à quelques lieues d'ici, en prenant sur la gauche, et juste entre Salbris et Romorantin, un petit village appelé autrefois la Viattrie, et que l'on nomme aujourd'hui Tremblevif. Certes, si je ne craignais pas d'abuser de votre patience, de me montrer par trop bavard, ou de vous paraître un pédant de campagne, je vous ferais une belle description de ce pays, qui est réellement fort pittoresque. Figurez-vous un sol marécageux quoique montant, une immense quantité de petits étangs qui semblent gravir une montagne; une nature toute verte de peupliers et de chênes; site âpre et sauvage, pays de chasse, comme on dit, qui ne ressemble plus au reste de la Sologne. Toujours des bois, des halliers, des marais, formant mille accidens de terrain imprévus, que des artistes pourraient apprécier aussi bien que des chasseurs; car on y rencontre des points de vue variés, et le gibier y abonde depuis la perdrix jusqu'aux grosses pièces. En effet, le chevreuil et le sanglier n'y sont pas rares dans l'arrière-saison, par le voisinage de la jolie forêt de Bruyadam. Ça et là des habitations isolées et quelques fermes de peu d'importance ; tout cela est terminé par un dôme auquel aboutissent plusieurs routes tortueuses, et couronné par l'église gothique de Tremblevif.

S'il faut en croire la tradition, dans les temps les plus reculés, sous les derniers rois de la première race, un saint homme de l'Orléanais, nommé Viattre, serait venu établir son ermitage dans ce lieu désert, si propre à la solitude et à la méditation. Le corps du bienheureux saint Viattre fit bientôt des miracles, et devint en grande vénération. Deux riches bourgeois d'Orléans, le mari et la femme, guéris par son intercession, ne bornèrent pas leur reconnaissance à orner la tombe du corps saint, ils bâtirent une chapelle qui s'entoura bientôt de chaumières. Telle est l'origine du petit bourg de la Viattrie, dont saint Viattre était le fondateur ou la cause première. Puis, de siècle en siècle, la réputation du saint fut plus grande encore; il eut une châsse d'argent magnifique, où l'on voyait les douze apôtres admirablement ciselés. Le village s'augmenta à son tour, et la chapelle devint une église. Par un effet bizarre de la nature, un tremble vint à prendre racine dans l'un des piliers de la nef qui avoisine le chœur; et, croissant toujours, perça la voûte et se mit à ombrager de son feuillage léger, mais toujours vert, le toit de l'église. Cet arbre assez curieux existe encore aujourd'hui, et il partage avec saint Viattre la vénération des habitans, qui ne manquent pas de prier l'un et d'arroser l'autre. L'arbre a pris même le dessus, car le bourg a perdu son ancien nom de la Viattrie pour prendre celui de Tremblevif.

Certainement ce petit coin de terre dut se croire à l'abri de l'orage, lorsque la foudre de la révolution gronda sur nos têtes; et, en effet, il fut oublié long-tems. Mais un boucher de Pierrefitte, nommé Margot, homme ignorant et grossier, que l'on avait fait procureur de la commune, et qui aimait mieux les pièces de vingt-quatre sous que les assignats, se rappela malheureusement que le bon saint Viattre avait une grande et belle châsse d'argent, avec douze apôtres de même métal. Le représentant Laplanche, les commissaires et les syndics de Romorantin, calculèrent que cette châsse avait une valeur numérique considérable, et que, dans les circonstances présentes, la nation en avait plus besoin que le saint. Il fut donc résolu que l'on irait, sans plus de façons, s'emparer de cette riche capture, pour donner au besoin du pain et des sabots à la troupe.

Au premier bruit qui courut de cette spoliation, le bon abbé Cœuillard, curé de Tremblevif, fut fort désolé ; il avait quitté son presbytère comme les autres, et vivait en bon fermier aux environs de sa paroisse ; car il avait de l'aisance, et faisait valoir par lui-même quelques arpens d'héritage. Le voilà perdant la tête, et cherchant tous les moyens imaginables, sinon de sauver la châsse, du moins le corps de son saint. Nous autres, à Souesmes, qui n'avions que quelques statues de vierges et de martyrs, que les nouveaux iconoclastes menaçaient, nous avions trouvé tout simple, mon père et moi, de les enterrer dans le cimetière, comme s'ils étaient morts la veille, et cela nous avait réussi. Cette idée suggéra à l'abbé Cœuillard le projet d'en faire autant pour les restes précieux de son Saint Viattre. Mais, outre qu'il n'était pas fort canonique de placer ainsi les reliques d'un saint côte à côte avec un charron du bourg, il ne trouvait pas encore le cimetière un asile assez sûr. Il se décida à venir lui-même enlever son saint de sa boîte, le renferma soigneusement dans une petite cassette à lui, et s'en fut très-content, laissant à sa place la belle châsse avec ses douze apôtres, bien convaincu que le vrai trésor était celui qu'il emportait. Mais, arrivé chez lui, ce fut un nouvel embarras ; le citoyen procureur parcourait la commune avec son état-major en bonnets rouges; on pouvait apprendre que Saint Viattre avait disparu, connaître facilement sa retraite, et Dieu sait quel nouveau sacrilége pouvait s'ensuivre! Le bonhomme, dans son émoi, ne trouva rien de mieux à faire que de s'en aller avec sa patache, sa boîte et son saint, et de débarquer toute sa pacotille dans l'imprimerie où travaillait Bézard; et c'était là, sous une presse hors de service, caché par un tas de papier Jésus, recouvert par un amas confus de pamphlets et de proclamations, que le saint était depuis quelques jours à l'abri de toute violation. Mais, tout brave qu'il était, le dépositaire de ce bon saint n'était pas tranquille; il avait l'œil au guet, l'oreille au vent, il ne dormit pas pendant les quinze premiers jours. Il lui semblait, à chaque instant, qu'il allait voir entrer les septembriseurs dans son atelier, pour massacrer Saint Viattre, et lui par-dessus le marché. Aussi, dès qu'il put se débarrasser de ce fardeau sacré, il le fit d'accord avec son ancien collégue. Il résulta, de cette petite manigance des deux curés, que les reliques de Saint Viattre furent conservées à l'église de Tremblevif, où elles sont encore, dans une nouvelle châsse presque aussi belle et aussi riche que l'ancienne. Ce fut un fruit de la Restauration et un jour de gloire pour mon ami Pierre; car, lorsque la pieuse madame Deloine de Hauteroche fit faire la nouvelle châsse, l'évêque d'Orléans exigea que l'identité du corps saint fût authentiquement reconnue. Le curé de Salbris était le seul que l'on pût charger de cette reconnaissance, lui qui avait eu entre les mains la précieuse cassette dans les temps difficiles. C'est en effet lui qui fit le procès-verbal, assisté du père Chandor, le père de notre parrain actuel, qui, comme maire et comme chirurgien à Tremblevif, fit l'affaire légalement et anatomiquement. Rien ne manqua à la pompe de cette cérémonie ; il y eut le bénitier, la croix, la bannière et tout le conseil municipal.

La terreur n'en continuait pas moins, pendant que le brave Bézard imprimait des discours civiques et les arrêtés de la convention nationale ; mais les bons habitans de Salbris, malgré le zèle républicain du député Laplanche, et de toutes les autorités nouvelles dont le chef-lieu les gratifiait, ne pouvaient pas s'habituer à vivre et à mourir sans curé. Leur bon curé leur manquait, à ces bonnes gens ! On pouvait bien leur donner un échevin, un syndic, un barbouilleur de papier quelconque ; ils ne s'embarrassaient guère de l'appeler Monsieur l'adjoint ou Monsieur le juge de paix ; mais un curé, un homme de bonne foi, qui a en lui, pour crédit, tous les petits secrets des familles, toutes les consciences d'une commune, cela ne se remplace pas. Oh ! non, Monsieur l'abbé, vous aurez beau faire des gouvernemens, des arrêtés et des codes, vous ne remplacerez jamais les curés de campagne.

Voilà qu'un beau jour, à la barbe du représentant, du boucher Margot et des citoyens, quelques bonnes gens, à la tête desquels étaient le père Fontenaille et le père Poirier, se réunirent autour de la bûche de Noël. Fontenaille était grand chantre de la paroisse et greffier de la justice de paix ; maître Poirier, qu'on appelait le docteur, était médecin, et ne manquait pas de quelque expérience ; cela formait les deux fortes têtes de l'endroit. Comment, disait l'un, nous n'aurons pas la messe de minuit, et on ne chantera pas *alleluia* à Pâques! — Eh quoi! s'écriait le père Damont, qui avait un faire valoir assez rond, on se plaint de la disette ; je le crois bien, il faudra nous passer de récolte, de froment et de pâturage, tant que nous n'aurons pas les Rogations. — La belle affaire que vos mariages de municipalité, disait à son tour le bonhomme Tivier, qui faisait son principal commerce de la cire ; l'état civil ne brûle pas de cierges; il nous faut la grand'messe, des baptêmes, des premières communions et de bons enterremens. — Et le papa Nivard, qui criait aussi de son côté, et qui pleurait les vêpres, parce qu'il n'avait plus son banc des marguilliers, où il se prélassait comme un archevêque. Il en arriva de toutes ces plaintes et de tous ces chuchottemens, que le besoin de curé se fit sentir de plus en plus, et qu'on ne se gênait pas pour le dire tout haut, dans les cabarets et en plein marché. On n'ignorait pas la retraite du pasteur, cause de tant de regrets; et voilà tout-à-coup, un beau matin du jeudi de l'Ascension, sans que l'on sache au juste qui avait mis cela en train et commencé le branle, que tout le village de Salbris se trouva réuni sur la place. J'arrivais précisément avec mon père dans une petite charrette; nous avions mieux que cela en fait d'équipage, mais nous apportions un veau et plusieurs sacs de méteil. C'était un bourdonnement partout, jusque sous le porche de l'église. On criait : à Romorantin! à Romorantin!

partons! Et d'autres qui disaient : Ah! voilà les Jaupitre! vive les Jaupitre! vive les amis! à Romorantin! Et sans débrider, n'ayant que le temps de déposer notre bagage, nous voilà entraînés et poussés par la foule dans des chemins pas trop bons, jusqu'à la capitale de notre vieille Sologne.

Il ne s'agissait pas d'autre chose que d'arracher M. le curé à son imprimerie, et de l'amener en triomphe dans son église, en dépit des décrets pour le duodi, pour le décadi, pour les droits de l'homme et l'être suprême. Ce qui avait été décidé ainsi rapidement, sans calcul, d'un consentement unanime, s'exécuta de même. C'était la voix du peuple, *vox populi, vox Dei:* il me reste encore quelques mots de ma quatrième. Ce n'est pas que cet évènement inattendu ne fît un peu de rumeur dans la ville; on courait, on s'informait, cela avait l'air d'une sédition, et les bonnes femmes ne manquaient pas de répondre : ce sont les gens de Salbris qui viennent chercher leur curé, ils en veulent absolument, ils font bien, ils ont raison, vive les Salbrissiens! vive les honnêtes gens! à bas les terroristes! qu'on nous ouvre Saint Roch, et qu'on nous rende l'abbé Colladon! Oui, ma chère, disait une marchande à une autre, Dieu bénit ses saints; je viens de le voir, le pauvre cher homme, on l'a porté à bras jusque sur la voiture, on lui a ôté son bonnet de papier, il a son rabat et sa soutane; venez, venez les voir, c'est superbe, les voilà qui prennent la rue de la Sirène. En effet, nous avions réussi à emmener notre pasteur; ni autorité municipale, ni gendarme, ni personne, n'osa s'y opposer. Je ne vois jamais revenir le 16 mai sans me rappeler ce jour-là: ce fut un bien beau jour! et l'excellent Bézard!... il ne se rappelait jamais cet évènement, le plus remarquable de sa vie, sans verser quelques larmes d'attendrissement; il m'a répété bien souvent: « l'empereur Napoléon a eu de grands triomphes, jamais d'aussi beaux que le mien, quand mes paroissiens me portèrent eux-mêmes dans mon église au plus fort de la terreur. »

Ah! c'est bien vrai, et je puis vous assurer que jamais vous n'avez pu voir un tableau plus touchant. Il n'y a pas de rois, pas de princes, qui aient jamais vu une marche triomphale semblable à celle-là ; et pourtant, elle n'avait coûté ni frais de guerre, ni bataille, ni dépenses pour la rendre pompeuse. Le char qui portait notre héros était une charrette, son cortége tous les cœurs purs d'une population pacifique. Ce ne furent que des chants, des cris de joie, des bravos répétés tout le long de la route. Les fermiers, les gens des campagnes, accouraient sur notre passage; beaucoup nous suivirent pendant plusieurs lieues, car il y en a six bonnes de Romorantin à Salbris. Ce fut bien pis quand nous traversâmes Saint Genoud ; tout le village vint au-devant de nous : on s'embrassait, on pleurait de joie, les femmes, les enfans, les vieillards, s'agenouillaient, demandant au bon curé sa bénédiction. Arrivés à la Ferté-Imbault, ce fut encore un autre spectacle ; car tout ce qui était resté à Salbris s'était porté en masse à notre rencontre, la route était couverte de monde à perte de vue ; et, quand nous approchâmes du bourg, quand on aperçut derrière les arbres la pointe aiguë du clocher de la chapelle, ce fut comme un seul cri qui sortit de tout ce monde. Cela me rappela un fait touchant que j'avais lu, cela me rappela Christophe Colomb, parvenu au terme de son voyage, et découvrant la terre qu'il venait conquérir. Peu s'en fallut que, dans mon enthousiasme, confondant mes souvenirs avec la situation présente, je ne criasse aussi : Terre ! terre !

Je ne voyais plus clair, j'étais ébloui, j'étais tout auprès de la charrette, et je ne m'aperçus pas que l'on venait de dételer le cheval, et que c'était ses paroissiens eux-mêmes qui traînaient le char modeste du pasteur. On le conduisit ainsi jusqu'à l'église, et il ne nous fut pas facile d'y entrer, tant la foule était grande. Les jeunes filles, les petits enfans nous entouraient, portant des branches de houx, des rameaux d'églantiers et des paniers de fleurs. Chacun se pressait la main et s'embrassait, d'autres dansaient et jetaient leurs chapeaux en l'air, d'autres tiraient des coups de fusils ; à tout ce bruit confus, où la joie était si parlante, se mêlait le son aigre-doux de deux cornemuses, et le père Bertin, le ménétrier, qui accourut aussi avec son violon, jouant le *Carillon de Dunkerque* et *ma tante Urlurette*.

Ma foi, tous tant que nous étions, nous n'en pouvions plus ; nous étions accablés de fatigue, fort altérés et couverts de poussière ; mais une sorte d'ardeur fiévreuse nous soutenait, nous voulions aller jusqu'au bout ; si bien que mon père et moi, Poirier, Fontenaille et le bonhomme Nivard, nous entrâmes les premiers dans l'église. Pour le coup, je ne puis m'empêcher de rire en y pensant; car ce fut un spectacle bien drôle, et qui ressemblait à une farce; à notre entrée, le citoyen Laplanche lui-même était en chaire, ayant pour auditoire une vingtaine d'ivrognes et de fainéans; il leur parlait du génie de la France, du citoyen Garnier de Saintes, député de la convention, de la nécessité des dons patriotiques et des emprunts forcés. Il alla même jusqu'à conseiller aux jeunes filles de profiter de l'occasion, et d'en prendre à leur aise, pour donner des petits sans-culottes à la république. Ce fut à ce beau mouvement d'éloquence qu'il vit paraître devant lui le bon et simple curé de Salbris, qui venait lui demander sa place dans la chaire. Le pauvre citoyen resta muet et pâle; je crois, à parler franchement, qu'il fut un peu effrayé, à l'apparition subite d'un proscrit entouré d'un si grand concours de monde. Sa première pensée fut sans doute que quelque grand changement était arrivé, et avait détrôné le génie de la France et les nouveaux dieux. A le bien prendre, ce fut comme un pronostic; car Robespierre tomba quelques mois après.

Quant à Bézard, il ne se montra en chaire que quelques minutes, il était trop sage et trop modéré pour abuser en rien et faire parade de sa victoire; il était d'ailleurs tellement ému, qu'il lui eût été impossible de parler long-temps. Il ne fit point un sermon; il remercia en peu de mots ses paroissiens de leur zèle pour lui, de leur retour à la croyance qui fortifie et qui console, les appelant ses chers amis, les enfans de son cœur, les engageant au pardon des injures et à l'union. Tout ce qu'il fit d'un peu politique, fut la lecture de l'évangile qui finit par ces mots: Ceux qui s'élèvent seront abaissés, ceux qui s'abaissent seront élevés. Et, le soir, il y eut des danses sur la place, des repas, des chansons, un feu de joie devant le presbytère; et tout se passa dans l'ordre, jusqu'au brigadier et aux deux gendarmes, et au célèbre Margot lui-même, qui burent et sautèrent avec les autres.

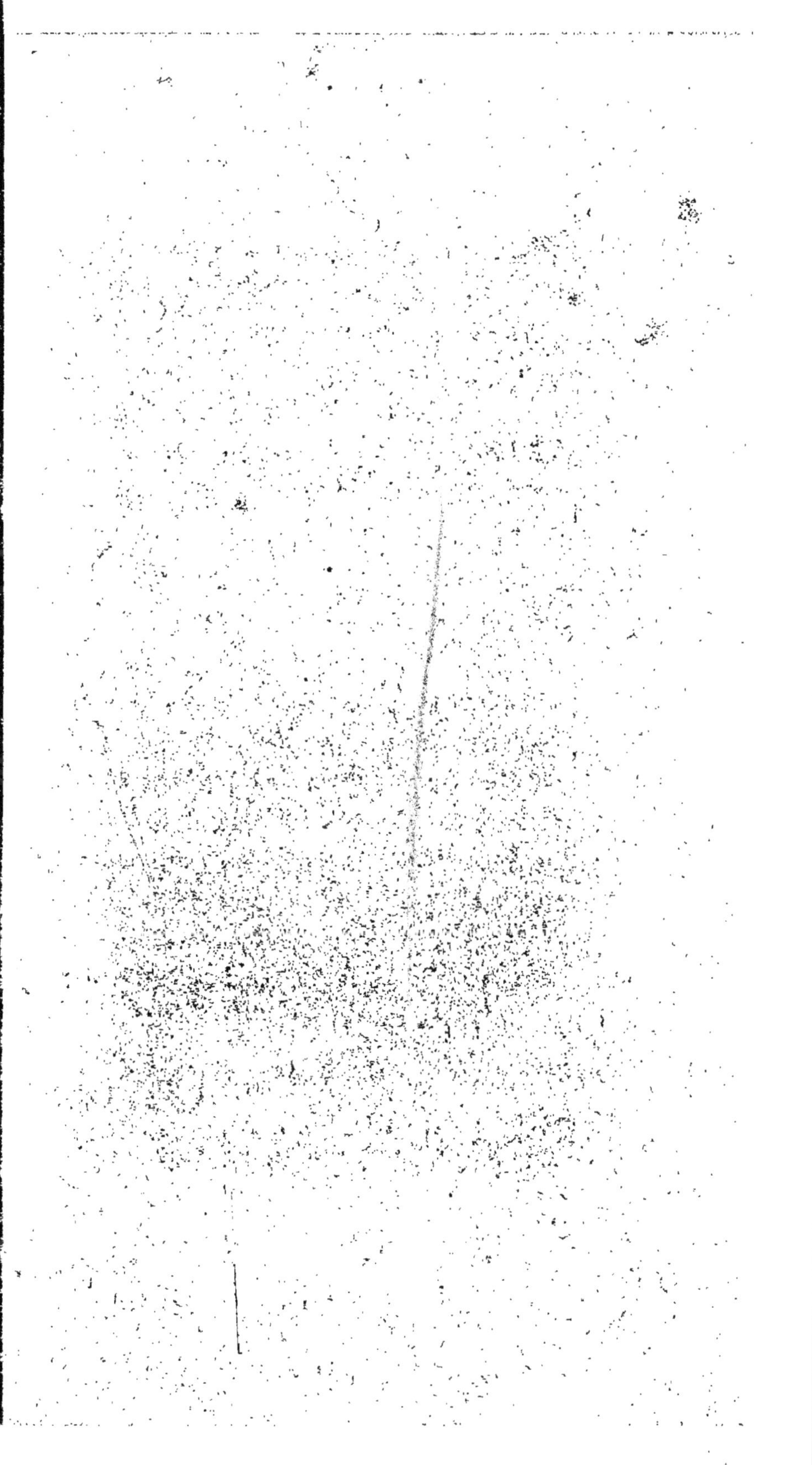

K.Loeillot F[t]
Lith de Villain

L'ASILE

IV.

L'ASILE.

ès le lendemain, le curé de Salbris avait repris ses habitudes comme si rien n'était venu les déranger. Il disait sa messe de six heures, confessait et baptisait tous ceux qui le lui demandaient ; toutes les églises étaient fermées en France, la sienne seule resta ouverte; et pas un jacobin, pas un démagogue n'eut la hardiesse de s'en plaindre ou de chercher à la faire fermer de nouveau. Au reste, cet état précaire dura peu de temps; Robespierre tomba, nous eûmes, je crois, le directoire. Un décret permit d'adorer Dieu, ou plutôt on accorda par tolérance l'exercice de chaque culte. Ce ne fut qu'en 1801 que le premier consul releva véritablement les autels. On publia le concordat et la paix avec les puissances du Nord. Notre bon curé nous fit, à cette époque, un beau sermon, plus grave et plus savant qu'il n'avait coutume d'en faire. C'est qu'aussi il avait ce jour-là un auditoire inaccoutumé: c'était le dimanche de Pâques; on chantait un *Te Deum*, auquel assistaient Mr Darblay, président du canton, et plusieurs représentans dont le règne était passé.

Admirez, Monsieur l'abbé, quel est l'ascendant de la vertu sur le vice; ce même Laplanche, dont je vous ai déjà parlé plusieurs fois, et qui n'était pas un méchant homme au fond, quoiqu'il fût représentant, et qu'il se montrât chaud partisan de toutes les folies de la révolution, c'était le bon et simple curé qu'il consultait dans les cas difficiles; il le respectait et l'estimait comme malgré lui. Bézard discutait avec lui quelquefois très-chaleureusement; il lui disait de bonnes vérités souvent assez dures, sans que le citoyen eût le courage ou la force de s'en fâcher.

Et vraiment, puisque nous en sommes sur ce chapitre, je vous dirai quelques mots en passant sur ce célèbre Laplanche; son histoire est aussi liée à celle que je vous raconte. Ici fut le théâtre de ses exploits, c'est ici qu'il est mort assez misérablement. On a dit beaucoup trop de mal, dans le temps, de ce pauvre citoyen, qui était un exalté, une tête chaude, et voilà tout. Narrateur sans passion, je réhabiliterai sa mémoire; car, en somme, il s'est donné bien du mouvement dans cette petite commune ; il y a fait beaucoup de bruit, mais il n'y a fait ni bien ni mal.

Ce Laplanche avait été mis tout jeune dans les ordres, il était moine Genovéfain au couvent de Nevers. Quiconque l'a connu, en se rappelant son esprit actif, sa mobilité extrême, son regard vif et brillant comme celui du renard, ne s'étonne pas qu'il ait quitté le froc pour se jeter dans les intrigues ; mais, comme au bout du compte il n'avait pas beaucoup de tête, qu'il était plus fanfaron que brave, et plus bavard qu'homme d'état, la révolution ne l'a pas mené à grand'chose, si ce n'est à faire un mariage auquel certes ne pouvait guère s'attendre un capucin défroqué.

Le barreau d'Orléans se souvient encore avec respect de l'honorable Mr de Coins, le plus estimable et le plus intègre des magistrats ; cet homme pur, qui regardait la justice comme une seconde religion, et qui ne jugeait point une affaire criminelle sans avoir imploré l'assistance divine et reçu la communion. C'était aussi un protecteur et un père pour tous les habitans de ce village. Son château de Rivaude n'est qu'à une demi-lieue d'ici, il a été vendu et revendu depuis; c'était une belle et riche terre que Rivaude, que la famille de Coins possédait depuis longtemps. C'est là qu'un beau jour descendit le citoyen représentant Laplanche.

La noblesse était alors menacée comme le clergé; la crainte qu'inspirait le nouvel hôte du château, par son titre et par ses fanfaronnades, fit sa fortune. Il n'était question, à cette malheureuse époque, que d'émigrations, d'emprisonnemens et d'échafauds. Bref, le bon curé m'apprit un beau matin que les choses étaient arrangées, et que le sieur Laplanche épousait Mlle Adèle de Coins, enfant de quinze ans, dont l'éducation et les douces mœurs cadraient bien mal avec les idées républicaines du mari qu'on lui donnait. Elle prit le citoyen comme elle eût pris le voile, avec douceur et résignation, parce que ses parens lui dirent : voilà un mari. Et elle obéit, et elle aima ce mari comme on aime une profession qu'on nous donne. Elle lui fut soumise et même attachée, elle le suivit à Paris ; elle se para et fut brillante, parce que le représentant voulait que sa femme fût en vue. Je ne sais même pas si, dans son amour-propre et dans sa folie, il n'exigea pas que cette pauvre petite s'affublât en déesse dans quelque fête civique, dont il était aussi très-friand. Il lui laissait, au reste, fort peu de liberté, quoiqu'il eût toujours ce grand mot à la bouche ; il la renfermait lorsqu'il était obligé de s'absenter, et, tel était l'excellent caractère de cette femme, qu'elle ne se plaignît jamais et qu'elle ne se trouvait point malheureuse. Fallait-il se montrer étincelante dans un concert ou dans un spectacle, elle était toute disposée ; fallait-il se confiner seule dans son appartement, elle souriait et prenait aussitôt sa harpe ou son aiguille. C'était à notre vénérable pasteur qu'elle devait cette admirable patience.

Je ne sais pas comment il se fit que le cher représentant se brouilla avec ses amis les terroristes ou les anarchistes; je ne sais pas au juste, mais enfin est-il qu'il fut décrété d'accusation et mis comme tant d'autres hors la loi. Il eut une si grande frayeur qu'il arriva ici tout hors d'haleine, ne sachant où se cacher, tremblant de tous ses membres, et regrettant peut-être le paisible couvent de Nevers, où il avait passé ses plus heureuses années.

Il se croyait véritablement un homme important; il prétendait que l'on en voulait à sa tête, et, par le fait, personne ne s'en souciait. Il ne cessa de trembler sous tous les gouvernemens qui se sont succédé, et pas un ne songea qu'il existait; mais, au moment dont je vous parle, son effroi était si grand que l'on crut qu'il en perdrait la tête. Il ne voulut point se réfugier à Rivaude, prétendant que c'était là qu'on irait d'abord le chercher; il y séquestra sa femme. Le bruit courut qu'il était passé à l'étranger, et tout à coup je le vis un soir qui soupait tête à tête avec le bon Bézard dans sa chambre à coucher; il pâlit à mon approche, comme si j'eusse dû être son délateur. C'était en effet chez le curé que le pauvre cher homme avait trouvé un asile; nous eûmes toutes les peines du monde à calmer son inquiétude. Je tâchai de le rassurer de mon mieux, en lui démontrant que personne ne songeait à lui et ne voulait pas plus de sa tête que de son bonnet; il finit par nous croire à peu près. On continua le modeste repas que j'avais interrompu et je me mis sans façon à table.

J'admirais ce tableau touchant d'un pauvre curé cachant et hébergeant de si bon cœur, au péril même de sa vie, un homme qu'il eût dû mépriser comme prêtre apostat et comme ayant été son ennemi. Laplanche nous quitta bientôt pour se blottir dans sa cachette, qui était un petit bûcher masqué par un amas de fagots. Je riais vraiment de sa crainte et je m'en moquais tout haut ; lorsque je fus seul avec le pasteur, il se mit à rire comme moi.... Hé ! hé ! me dit-il, qui croirait que je me trouve être un des braves de la commune? Et, comme je ne comprenais pas positivement le sens de ces paroles, oui, reprit-il, je suis ici entouré de poltrons qui passent les jours et les nuits dans des transes mortelles ; il faut qu'ils aient la conscience bien chargée, et, en présence de cette misère humaine, je me fais l'effet d'être brave comme un César.

Puis, riant toujours, il me prit la main et me conduisit dans une petite pièce isolée, qui ne servait guère qu'à déposer des fruits et des confitures, et dans laquelle se trouvait un four hors de service, masqué par un vieux lambeau de tapisserie. Il s'approcha avec précaution en disant : Ne craignez rien, vous pouvez vous montrer, je suis avec un ami dévoué et discret. Je ne savais pas à qui il parlait, j'entendis quelques paroles sourdes qui sortaient du fond de ce four, puis la tapisserie se souleva, et un individu, dans un accoutrement fort bizarre, sortit de cette singulière retraite. C'était un proscrit d'un autre genre, auquel le généreux curé avait donné aussi asile; c'était un gentilhomme de vieille souche, comme on disait alors, proche parent du jeune prince d'Henin, Charles d'Alsace, assassiné sur la place d'Orléans en 93. Menacé le même jour et poursuivi, il en avait été quitte pour une égratignure; mais lui aussi eut une si grande frayeur qu'il partit d'Orléans comme un fou, ne trouvant rien de mieux à faire, pour se déguiser, que de jeter ses vêtemens pièce à pièce, son chapeau dans une rue, son gilet sur le pont, son habit dans la Loire, si bien que, toujours courant, il arriva à Salbris presque nu; il ne voyait que poignards et pistolets sur sa poitrine. Lorsqu'il parut à mes yeux, il était noir comme un charbonnier; il avait un jupon de femme qui ne lui allait pas au genou, et une vieille soutane de son hôte, à demi-boutonnée, qui laissait voir un jabot et des manchettes horriblement couverts de suie; il tenait sous son bras une longue épée qui ne le quittait jamais. Il était impossible de ne pas rire à ce spectacle, tout pitoyable qu'il fût.

Le meilleur de l'histoire, c'est que le bon gentilhomme avait été baptisé par le curé ; c'était un filleul de M. de Coins, il n'avait pas voulu mettre le pied à Rivaude depuis le mariage de Laplanche. Laplanche était un monstre à ses yeux ; rien qu'en entendant prononcer son nom, il entrait en fureur et voulait tout tuer, tout percer avec sa grande épée ; en sorte que, par un hasard singulier, notre excellent pasteur avait abrité en même temps, sous son toit, deux hommes d'opinions contraires, qui se détestaient cordialement et qui se seraient égorgés à la première rencontre. Je lui en fis la remarque en particulier, craignant que son humanité ne se terminât par une catastrophe. Bah ! me répondit-il en souriant, ce sont les plus honnêtes peureux du monde, ils crieront toujours beaucoup, mais ne se feront jamais de mal.

Le jeune comte, déposant peu à peu sa frayeur quand il sut bien qui j'étais, finit par causer assez familièrement avec moi; il m'accabla de questions, me demanda où étaient les princes, ce que devenait l'armée de Condé, et mille choses encore sur lesquelles j'étais bien embarrassé de répondre exactement; car, tout maire de Souesmes que je suis, je n'ai jamais été un grand politique. Ce jeune homme, à la bravoure près, était l'aristocrate dans toute sa pureté, le royaliste quand même; il ne voulait faire aucune concession, il lui fallait tout ou rien : le roi, la cour, le parlement et les dixmes. Il regardait la révolution comme un gros nuage bien orageux qui finirait par se dissiper; mais, comme ce nuage pouvait encore renfermer quelques éclats de tonnerre, il ne se souciait pas de sortir de son four. Je parvins toutefois à lui persuader qu'il n'y avait plus aucun danger pour lui; je lui offris obligeamment de faire quelques démarches, de voir sa famille : il accepta, et enfin il quitta le presbytère huit jours après cette entrevue. Il se retira dans une terre assez belle entre Blois et Orléans, où il a vécu pendant tout le consulat et tout l'empire, sans qu'on songeât jamais à l'inquiéter.

Le citoyen Laplanche se décida aussi à sortir de son bûcher; après bien des hésitations et des pourparlers, il fut habiter, avec sa femme, une maison ou plutôt une chaumière assez misérable qui n'est pas à cinq cents pas d'ici et dont vous pouvez voir le toit rustique derrière ces saules qui nous font face. Quoiqu'il eût assez d'aisance pour pouvoir se loger plus convenablement, il ne voulut jamais quitter cette modeste retraite; à peine s'il se croyait en sûreté dans ce réduit. Ses craintes puériles l'accompagnèrent jusqu'à son dernier jour: il est mort, il y a peu d'années, d'une maladie convulsive, qui ressemblait à la rage. Le bon curé fut encore son guide et son consolateur à ses derniers momens. Il rendit même, à cette heure suprême, un nouvel hommage à cette religion qu'il avait abjurée, à ces vertus pastorales qu'il avait méconnues; il confia une somme considérable en or et quantité de bijoux à l'abbé Bézard. On était loin de soupçonner ce dépôt; mais, après sa mort, comme la veuve de Laplanche se résignait, selon l'habitude de toute sa vie, à vivre simplement du produit de sa terre, n'ayant trouvé dans sa maison qu'un peu d'argenterie et très-peu d'argent, le curé fut la voir, et lui dit simplement : « Ma chère dame, votre mari m'a remis 20,000 francs qui sont dans cette cassette, je vous l'apporte telle qu'il me l'a donnée et même sans l'avoir ouverte. »

Tous ces détails sont sans doute d'un faible intérêt, mais ils sont de nature à vous faire connaître plus intimement notre ami, et quels étaient son humanité et son désintéressement. Secourir les malheureux était le premier besoin, le premier devoir de son cœur, et il ne s'inquiétait jamais de l'opinion ou de la conduite de ceux qui souffraient et imploraient son assistance.

L'histoire de la pauvre Silvine en est une preuve bien touchante, et, puisque je suis en train, je vous en dirai quelques mots.

Silvine était la fille d'un honnête ouvrier; elle perdit son père lorsqu'elle avait à peine quatorze ans; sa mère se remaria à un grand diable de cuirassier que l'on avait fait gendarme, et qui était en somme un assez mauvais sujet; cet homme débauché remarqua les grâces naissantes de la jeune orpheline, et mit tout en œuvre pour la séduire. La pauvre enfant, qui ne pouvait même pas soupçonner les intentions de son beau-père, lui témoignait une affection toute filiale; elle y entendait si peu malice, qu'elle se vantait tout haut de l'amitié que lui témoignait ce perfide. Il lui faisait sans cesse de petits cadeaux, elle les acceptait avec joie et reconnaissance, sans se douter du prix qu'il devait y mettre. Son imbécile de mère, qui faisait encore la jeune et la coquette, ne s'occupait pas le moindrement de sa fille, si bien que les choses en vinrent au point qu'il ne fut plus possible de cacher ce qu'il en était, surtout aux commères du village : ce fut bientôt un scandale public.

On jeta la pierre à la malheureuse Silvine, sans calculer qu'elle était plus à plaindre qu'à blâmer; et elle avait conservé une telle innocence, malgré sa faute, qu'elle ne comprenait pas pourquoi tout le monde la fuyait et la méprisait ainsi. A tous les reproches, à tous les sarcasmes qu'on lui prodiguait si injustement, elle ne répondait que par son silence et par ses larmes. Son séducteur, craignant d'avoir affaire avec la cour d'assises, disparut un beau jour : on croit qu'il prit du service en Espagne. La mère de Silvine, furieuse de cet abandon, s'en prit à sa fille ; elle la chassa, et la pauvre petite, qui avait à peine quinze ans, et sur le point de devenir mère, se vit ainsi sans pain et sans asile, au milieu d'un hiver assez rigoureux. Ne sachant que faire, elle se décida à tourner ses pas du côté de Pierrefitte, où elle avait une tante meunière ; elle partit la nuit, seule, car elle en était venue à ne plus oser se montrer pendant le jour. Chemin faisant, elle réfléchit à sa position; quoiqu'elle ne pût rien se reprocher au fond de son cœur, il fallait donc que sa faute fût bien grande, puisque tout le monde lui en faisait tant de honte, et que sa mère, sa propre mère la chassait! Pouvait-elle espérer que sa tante consentirait à la recevoir? Oh! non, sans doute, elle entreprend un voyage inutile; elle ne trouvera au moulin de Pierrefitte que des reproches et des mauvais traitemens; voilà que plus elle marchait plus elle se frappait de l'idée que ni parens, ni amis, n'auraient aucune pitié pour elle, qu'elle était devenue un objet d'horreur pour le monde entier; elle gémissait, elle pleurait, et le vent froid qui frappait son visage, le silence de la nuit qui l'accompagnait seul, ajoutaient encore aux fantômes noirs qu'elle se faisait et au trouble de son esprit. Voilà la petite malheureuse qui perd la tête, qui devient comme folle; elle renonce tout-à-coup à aller à Pierrefitte, elle quitte la route de Souesmes et s'enfonce dans les taillis qui bordent la Sauldre, décidée à mourir de faim dans ce lieu sauvage, ou à se précipiter dans la rivière, si elle n'a pas le courage de supporter une agonie si longue et si douloureuse.

Le même soir, Jacques Caillot, le sacristain, en apportant les clefs à M. le curé, comme c'était sa coutume, avait une petite pointe de vin. Hé! hé! mon bon garçon, que lui fit le pasteur, je vois que tu as encore pris un peu trop de sirop de groseille? Par le saint bon Dieu, oui, mon pasteur, reprit Jacques, j'ai bu à ce soir parce que j'ai du chagrin; et il raconta l'histoire de Silvine, qui était sa filleule. Le brave homme se désolait surtout parce que la pauvre enfant était partie nu-pieds, et que c'était par sa faute, attendu qu'il avait manqué à son devoir de cordonnier et de parrain, en ne finissant pas les souliers neufs qu'il avait promis à sa filleule. Le curé savait que de reste l'aventure de la pauvre Silvine, mais il ignorait la barbarie de sa mère à son égard. Je te pardonne, Jacques, dit-il, d'être un peu ivrogne, et je te remercie d'avoir un bon cœur. Puis il prit sa grosse houppelande et son vieux chapeau, et courut chez la mère de Silvine. « Vous êtes une mauvaise mère, lui dit-il, vous punissez votre fille quand c'est vous seule qui êtes coupable ; c'était à vous de veiller à l'honneur et au repos de votre enfant ! Femme sans pitié, reparez le mal que vous avez fait, si vous voulez que Dieu vous pardonne un jour à vous-même. Allez chercher votre enfant, ramenez-la chez vous, et, dans la position où elle est, ne l'abandonnez pas à des soins étrangers. » Pas du tout ; la mère était tellement courroucée contre sa fille qu'elle refusa de faire ce que le curé lui ordonnait ; de mieux, elle s'emporta en injures et en malédictions contre Silvine, cria, tempêta, et dit qu'elle ne voulait la revoir de sa vie. C'est donc à moi, répondit tranquillement le pasteur, à lui tenir lieu de père et de mère, puisqu'elle n'a plus rien. Partons, Jacques; c'est au pasteur à courir après la brebis égarée, prends ma carriole, emprunte le cheval de Sabar, et en route.

Voilà mon vieux Bézard avec son sacristain, roulant en patache dans les ornières et les trous qui ne manquent pas sur la route de Souesmes, pour courir après une petite fille dont le village blâmait la conduite, et que, comme prêtre, il devait repousser à cause de sa faute. Ah! dites-moi, M. l'abbé, quel est le trait le plus touchant et qui fait le plus d'honneur à l'humanité, de l'archevêque de Cambrai ramenant sa vache à un paysan d'Ablancourt, ou du curé de Salbris passant ainsi la nuit dans une carriole, pour ne pas laisser à l'abandon et exposée au mépris une pauvre fille?

Ils arrivèrent à Pierrefitte à deux heures du matin; la meunière n'avait pas vu sa nièce. Elle fut fort surprise de recevoir une telle visite à une telle heure. C'était aussi une femme assez dure et passablement avare; elle croyait, disait-elle, que cette petite créature aurait été finir son temps à l'hospice d'Orléans, et que, pour sa part, elle se souciait peu d'un pareil embarras chez elle. Elle finit cependant par partager les inquiétudes du curé; on connaissait le caractère faible et craintif de Silvine; on fut d'accord qu'elle avait bien pu se livrer à quelque acte de désespoir. On attendit le petit jour et l'on se remit en campagne. On courut, interrogeant tout le monde dans les métairies et dans les fermes; personne n'avait rien vu. Une bonne femme se rappela seulement avoir aperçu la veille, comme elle rentrait assez tard, une jeune fille qui avait passé près d'elle devant les deux tourelles de Rivaude, et qui avait eu l'air de s'enfuir à son approche. Sur cette indication, on chercha de ce côté, et ce ne fut que vers le milieu de la journée que l'on trouva la pauvre jeune fille à genoux près d'un vieux saule, presque morte de froid et de faim.

Sitôt qu'elle aperçut le pasteur, elle jeta un cri de terreur, et se cacha la tête dans ses mains; puis elle se releva tout-à-coup, et courut à lui en pleurant et les mains jointes, lui disant avec l'accent de la douleur : « O M. le curé, confessez-moi, je vais bientôt mourir; confessez-moi, je vous en prie! » Pourquoi donc mourir, mon enfant, reprit le curé avec bonté et en souriant, pour la mettre tout de suite à son aise et la rassurer entièrement? Mourir, parce qu'il y a des gens méchants et cruels! Non, non, il faut vivre, pour honorer Dieu dans les malheurs mêmes qu'il nous envoie; puis il enveloppa la petite malheureuse dans sa grosse houppelande, la fit monter dans la voiture avec Jacques Caillot (car il ne trouva pas convenable de se placer auprès d'elle), et suivit à pied la carriole. Où faut-il aller, M. le curé, demanda Jacques? Chez la mère de Silvine, répondit le pasteur. — Et, si elle refuse encore de la recevoir, — eh bien! conduis-la à la maison du bon Dieu;

la maison du bon Dieu, c'est le presbytère. — Hom! hom! fit le sacristain en branlant la tête; si nous la menons chez vous, nous ne risquons pas; Mlle Madelon va joliment nous en dire! — Va toujours, reprit le bonhomme, ma sœur criera un peu, elle l'appellera petite vilaine; mais, quand elle verra qu'elle est souffrante, elle lui fera une bonne soupe.

La mère de Silvine n'osa pourtant pas lui refuser un asile, la pauvre enfant fut mise au lit sur-le-champ; mais, hélas! elle ne quitta ce lit d'angoisses que pour aller au cimetière: elle avait trop souffert physiquement et moralement, une fièvre nerveuse la saisit. Elle traîna dix-sept jours entre la vie et la mort, et elle s'éteignit. La passion d'un scélérat faisait ainsi deux victimes. Le bon Bézard ne quitta pas cette infortunée, il ne manquait pas d'aller auprès d'elle cinq et six fois par jour; il lui portait du linge, du bouillon, des confitures, et, ce qu'il lui donnait de mieux, c'était des consolations, des espérances, dont elle ne se croyait plus digne. Cet excellent homme s'appliqua à la réconcilier avec elle-même, à lui prouver que si les hommes sont injustes, Dieu est clément et miséricordieux, et que sa faute involontaire lui serait pardonnée. La pauvre moribonde sentit toute la puissance de ces douces paroles; elle sembla dès lors quitter cette terre avec moins de regrets et même avec une sorte de joie; elle ne s'effrayait plus de paraître devant Dieu, elle l'implorait avec ferveur et confiance. Elle avoua au curé que, dans la nuit de sa fuite, le désespoir s'était emparé d'elle et qu'elle avait tenté deux fois de se détruire; qu'elle s'était, dans ce dessein, approchée de la rivière; mais que, la trouvant recouverte d'un réseau de glace, elle avait frémi à la pensée de s'ensevelir dans cette eau gelée, et qu'elle avait éprouvé un tremblement dans tout le corps. Arrivée plus loin, dans un endroit où la Sauldre est plus large et plus profonde, elle n'avait pas vu de glace et voulait s'y jeter; mais qu'en faisant sa prière, un sentiment tout nouveau s'était manifesté en elle, celui de l'intérêt maternel, et qu'elle s'était dit en elle-même : j'ai peut-être le droit de me faire mourir, car je suis bien malheureuse; mais je n'ai pas le droit d'en faire mourir un autre que moi.

Le digne ministre de Dieu voulut accomplir sa mission jusqu'au bout; il fit à la malheureuse Silvine des funérailles aussi pompeuses que le comportait sa modeste paroisse. Il la conduisit lui-même au lieu de repos, et prononça quelques mots touchants sur sa tombe, annonçant qu'il ne faisait point de différence entre cette innocente pécheresse et la plus pure vierge de son bercail. « Dors en paix, pauvre en» fant, dit-il, les larmes aux yeux, ton » court passage dans cette vie te sera » compté. Plus tu as éprouvé ici-bas de » misère et de souffrance, plus ta place sera » belle dans les cieux. Et vous, ajouta-t-il » d'une voix plus ferme et qui sentait le

» reproche, en se retournant vers les femmes qui étaient en grand nombre dans
» le cimetière, si vous avez été injustes,
» si vous avez manqué de pitié ou de charité chrétienne, demandez-en pardon à
» Dieu, et priez sur cette tombe; car là
» sont deux êtres infortunés qui ont le
» droit de vous demander des prières. »
Tout le monde pleura et tomba à genoux. Jacques Caillot fit une petite collecte dans la semaine, et une simple croix de bois fut posée sur cette sépulture avec cette seule inscription : *Silvine.*

Deux ou trois mois environ après cet évènement, qui avait vivement affecté notre bon curé, arriva, au milieu de la nuit, au presbytère un petit bonhomme de notre bourg de Souesmes, avec une méchante carriole et un gros cheval de labour. La tante Madelon n'était pas trop d'avis de lui laisser voir son frère, car il s'agissait d'aller assister un malade à plus de trois lieues et hors de la paroisse; les chemins étaient affreux, la nuit sombre, le temps menaçait, et le vieux pasteur, qui commençait à souffrir d'un asthme, n'était guère en état de faire ce voyage. Une discussion assez vive s'engagea entre la sœur du curé et le petit bonhomme; peu s'en fallut qu'elle ne régalât le messager de quelques coups de balai.... Eveillé par le bruit, Bézard sortit de sa chambre, et, apprenant ce qu'il en était, mit aussitôt fin à la querelle ? Eh ben! quoi! dit-il, la bonne femme Gandet veut s'en aller, elle me demande; il faut partir. As-tu amené un cheval, petit, je n'en ai pas? — Oui, M. le curé, et même la vieille patache du père Jaupitre. Non, non, non, non, s'écriait la sœur, non certainement, vous n'irez pas à Souesmes par une nuit pareille et avec un temps comme çà, je m'y oppose; d'ailleurs, la mère Gandet n'est plus votre paroissienne, voilà plus de douze ans qu'elle a quitté Salbris, c'est au curé de Souesmes à l'assister; c'est M. Desfossés que cela regarde, et il demeure à sa porte. — La bonne femme a été ma paroissienne pendant vingt-cinq ans, reprenait le curé, et, bien qu'elle habite Souesmes aujourd'hui, elle a toujours continué de venir se confesser à moi, elle faisait trois lieues pour cela quand elle se portait bien; aujourd'hui elle ne peut plus aller, c'est à moi de faire le voyage. Voyons, sœur Madelon, ma houppelande, mon chapeau, et que çà finisse. Enfin, après bien des cris, des murmures, il fallut bien céder. Le petit messager en fut quitte pour deux ou trois coups de poing qu'il reçut dans le dos au moment de monter en voiture.

Chemin faisant, une longue conversation s'engagea, comme vous pensez bien, entre le curé et le petit commissionnaire; que faire de mieux quand on a trois heures à être cahoté dans une patache! Comment, garçon, dit le pasteur, tu dis donc que la bonne femme Gandet est si mal que çà; est-ce qu'elle voudrait s'en aller tout-à-fait? — Oh! dame! je crois ben que oui, M. le curé, faut croire que c'est la fin de la fin ; elle ne voit plus clair, et elle respire comme un soufflet de forge. — Il me semble qu'elle se dépêche un peu et qu'elle ne doit pas être très-âgée. — Oh! elle est bien ancienne tout de même, M. le curé ; voyez-vous, ces vieilles-là çà tient fort, et çà cache toujours son âge, de sorte qu'on ne sait pas au juste : çà a peut-être cent ans, sans que vous vous en doutiez. — Laisse donc tranquille, bêta, j'en ai 73, et je suis son aîné. — Possible, M. le curé, mais elle n'est pas jeune tout de même, et avare!...... Oh! avare comme un vieux juif. — Oui, oui, la bonne femme est un peu serrée, je me le rappelle ; nous avons eu une petite querelle ensemble au mariage d'une de ses nièces. — Elle aurait coupé un liard en quatre, comme on dit; ce n'est pas étonnant, elle est d'Orléans. Au bout du compte, tant mieux pour vous donc, faut bien que quelqu'un en profite. — Comment, tant mieux pour moi! — Sans doute, M. le curé. La bonne femme ne peut pas tout emporter, n'est-ce pas? — Eh bien! — Eh bien! à force d'avoir peur de manquer et de mettre toujours à part comme çà, il se trouve qu'elle a six mille francs; pour lors elle vous les donne, c'est-à-dire, trois mille francs à vous et trois mille francs au curé de Souesmes; pas bête, la vieille, çà lui fera des prières des deux côtés. — Et ses nièces? — Oh! ses deux nièces, il n'y a pas encore de quoi pleurer: elle leur laisse sa maison à Souesmes, qui vaut peut-être bien 1200 fr.; elle a six couverts d'argent, deux timbales et une fameuse armoire de linge, allez! — Ah!.. eh! qui t'a appris tout cela à toi, garçon? — Moi, M. le curé.... Oh! mon Dieu tout le monde le sait; la bonne femme ne s'en cache pas depuis qu'elle est bas comme çà; ma mère y a été encore hier; et elle lui a dit la chose et à d'autres personnes encore. — Et que dit-on de cela dans le pays? — Ma foi, on en est content pour vous et pour M. Desfossés, parce que vous êtes de braves enrés, et qu'on est bien sûr qu'avec vous les pauvres en auront leur part : c'est pour le coup que notre chapelle de Souesmes va être superbe ! Mme Caillard a déjà donné un grand tableau l'année dernière ; on mettra le chœur à neuf, c'est sûr. — Et les nièces de la bonne femme, que disent-elles ? — Ma grand'foi ! elles sont bien aises tout de même ; elles croyaient que la mère Gandet ne leur laisserait rien du tout. Celle, que son mari est tisserand et qui a quatre mioches, elle pourra habiter la maison, çà fait qu'elle n'aura pas de terme à payer. — Et dis-moi encore, garçon, l'abbé Desfossés sait-il quelque chose des intentions de la bonne femme ? — Je crois bien que oui, on en a parlé comme çà, et il a dit que c'était par orgueil ce qu'elle en faisait. — Il a raison, dit vivement le curé de Salbris, et, tout en causant ainsi de la mère Gandet et des autres habitans du bourg, on finit par arriver à Souesmes qu'il ne faisait pas encore jour.

Aussitôt que la moribonde aperçut le pasteur, elle témoigna une grande joie, elle retrouva assez de force pour se mettre sur son séant, elle fit le signe de la croix, joignit les deux mains, et s'écria les larmes aux yeux : c'est vous, Monsieur Bézard, que vous êtes bon, et que je vous remercie! Il me semble que je ne serais pas morte de si bon cœur si je ne vous avais pas vu ; vous voilà, je suis toute prête : oh! merci, merci, mon bon Monsieur Bézard. A ce compliment si flatteur, devinez un peu ce que répondit notre ami Pierre ; il fit une grosse moue, qu'il prenait toujours quand il se fâchait et qu'il voulait se moquer de quelqu'un ; et, sans s'occuper de toutes les commères qui étaient là, sans songer à l'état de la malade, il commença à l'apostropher d'une façon singulière. Hé là! dit-il, hé! la vieille bête! vraiment! j'en ai appris de belles sur votre compte. Comment, bonne femme, est-ce que c'est vrai ce qu'on m'a dit ? Vous voulez dépouiller vos enfans! Est-ce que vous avez ce droit-là ? Est-ce que le bon Dieu vous recevrait bien avec une injustice comme celle-là sur la conscience? Oh! la vilaine! Fi la vieille bête, avec sa vanité, qui veut dépouiller ses nièces qui sont pauvres et qui ont des tas d'enfans!

Vous concevez l'effet d'un tel discours sur la mourante et sur l'assistance. Chacun se regardait avec de grands yeux. La mère Gandet était toute interdite, elle ne savait que répondre. Le curé, la voyant pâle et tremblante, s'approcha de son lit, lui prit la main, et commença à lui parler avec plus de douceur. Voyons, voyons, la bonne femme, lui dit-il, remettez-vous, je n'ai pas été maître de mon indignation. Dame! je suis vif, c'est vrai, n'en parlons plus. N'est-ce pas, la bonne femme, que vous ne pensez plus à votre mauvaise idée, et que vous ne déshériterez pas vos enfans? Elle fit un signe de tête que non, et commença à pleurer à chaudes larmes. Chacun quitta la chambre, on les laissa seuls, le curé et elle; ils restèrent, ma foi, bien deux bonnes heures ensemble. Il paraît qu'avant de la confesser et de l'administrer, il fit ses conditions avec la vieille, touchant le legs qu'elle voulait faire aux deux églises de Souesmes et de Salbris. Comprenez-moi bien, bonne femme, lui avait-il dit, un don vaniteux est mauvais et ne saurait être agréable à Dieu. Vous avez de la famille, ceux-là qui vous touchent de plus près sont ceux auxquels vous devez penser d'abord. Vous avez six mille francs, c'est très-bien : sur ces six mille francs-là, nous prélèverons cent écus, cinquante pour moi et autant pour Monsieur le curé de Souesmes, le reste sera partagé entre vos deux nièces. Voilà comme cela doit se faire, voilà comme vous devez agir, et vous aurez été juste et sage, et le bon Dieu vous recevra bien, s'il faut qu'il vous appelle à lui. Lorsqu'après la cérémonie on entra dans sa chambre, la mère Gandet n'était plus la même, elle paraissait gaie et même mieux portante; il y en avait qui disaient qu'elle s'en relèverait. Le fait est qu'elle traîna encore deux ou trois jours.

Le bonhomme curé vint à la maison sur les huit heures; il mangea un morceau avec nous, s'en fut dire un petit bonjour à son collègue l'abbé Desfossés, sans nous dire un mot, à lui ou à moi, des dispositions de la femme Gandet, puis il repartit pour Salbris. Ce ne fut que cinq à six jours après la mort de la bonne femme, qu'il fit dire à ses nièces de passer chez lui, qu'il avait à leur parler. Il leur dit que leur tante lui avait confié son argent et transmis ses volontés dernières, et leur partagea alors une somme de cinq mille neuf cents francs, presque toute en louis d'or et en écus de six francs, renfermés dans un vieux sac de cuir. Voilà comme il était prêtre, M. l'abbé! Voilà comment il entendait la justice et la charité!

Eh! bon Dieu! est-il besoin que j'aille plus loin et que je vous fasse un plus long commentaire? A quoi bon me creuser la tête pour y retrouver quelques autres anecdotes de ce genre. Chacune de ses années, sa vie entière, n'est remplie que de traits de bonté, de piété sincère et d'actes de bienfaisance. Voilà toute son histoire; c'est ainsi qu'il arriva peu-à-peu à une vieillesse sans caducité, car il était encore fort et vert pour son âge. Il eut le pressentiment de sa fin; il me le disait il n'y a pas bien long-temps. Je ne souffre pas, je n'ai pas moins d'appétit qu'à mon ordinaire, me disait-il presque gaîment, je ne me sens pas moins vaillant qu'il y a deux ou trois ans; mais je sens que le corps est usé, il s'en va, je m'éteindrai comme une chandelle.

A la dernière fête de Saint Pierre, son jour de réception, son jour de joie, il y a tout-à-l'heure un an, il me pressa plus vivement que de coutume, d'assister au repas qu'il donnait à ses amis. Vous êtes de la famille, me dit-il, les yeux humides, il faut que vous y veniez; n'y manquez pas, mon bon enfant, c'est la dernière fête de Saint-Pierre que je célébrerai; et, comme je cherchais à l'éloigner de ces tristes idées, il se fâcha presque : il était entier dans son opinion, et n'aimait pas à être contredit, si bien qu'il fallait le laisser dans la persuasion qu'il mourrait bientôt, pour lui faire plaisir. Il se gardait cependant de faire part de cette pensée douloureuse à sa sœur et à sa petite nièce, ne voulant pas leur mettre le deuil dans l'âme avant le temps.

Il ne prit pour confident, et en quelque sorte pour exécuteur de ses volontés dernières, que ce même Jacques Caillat, dont je vous ai parlé déjà. Cet honnête sacristain lui était fort attaché, et de plus, c'était l'homme du devoir par excellence. Le curé le connaissait bien ; la petite chapelle de la Bonne-Dame, dans laquelle il repose aujourd'hui, était son lieu de prédilection. Comme elle est à l'autre bout du village, c'était pour lui un but de promenade ; il s'y rendait assez souvent le soir, il y priait et y méditait. Ce n'était point superstition, oh ! point du tout ; il était trop réellement convaincu et trop éclairé dans sa religion, pour croire aux soi-disant miracles que les paysans attribuaient à la petite vierge en pierres qui est nichée au-dessus du porche de cette chapelle. Il s'efforçait même de détruire les croyances ridicules et les bruits absurdes qui circulaient sur le compte de cette image, tant il était ennemi des jongleries monacales.

Quelques bonnes gens du bourg lui demandèrent une fois s'il était bien vrai que la Bonne-Dame, malgré le petit grillage de fer qui l'entourait, s'en allait toutes les nuits pour visiter les femmes en couches, et bénir les familles qui lui étaient en dévotion; s'il était bien certain aussi que la Fontaine Saint-Georges, qui est derrière le presbytère, guérissait de la fièvre et de toutes les maladies, si l'on y trempe le buis béni trois fois pendant trois jours, à commencer du jour de Pâques fleuries. Il rit de la naïve crédulité de ces gens simples. Mes bons amis, leur dit-il, il y a beaucoup de médecins pour le corps, il n'y en a qu'un seul pour l'âme. L'eau de la Fontaine Saint-Georges est bonne à boire; voilà, je crois, toute sa vertu. Elle ne guérit pas les ivrognes de leur vilain défaut, elle n'empêche pas les bavardes et les mauvaises langues de caqueter, ni les fermiers de mauvaise foi de tromper leurs maîtres; elle ne fait pas de si grands miracles. La Bonne-Dame, pas davantage; tout cela c'est des contes de Solognots; la Bonne-Dame vous donnera de belles moissons, de bonnes vendanges, du chanvre bien dru, si vous la priez sincèrement et non par faux semblant, et surtout si vous ne paressez point, si vous labourez la terre, semez le grain et sarclez la vigne en bon temps.

Un soir, il n'y a pas plus de trois semaines, Bézard s'en fut avec Jacques Caillat à la chapelle de la Bonne-Dame, pour lui indiquer quelques petits travaux à faire. Sans être sombre, il était plus pensif qu'à l'ordinaire; il regardait curieusement et avec une sorte de complaisance les travaux de la campagne; des champs déjà récoltés, d'autres qui devaient bientôt l'être, des arbres bien verts et chargés de fruits ; il n'est pas jusqu'aux buissons poudreux de la route, dont les feuilles jaunissaient déjà, qui semblaient attirer son attention.

Et comme il reportait toute chose à la divinité, ce spectacle animé de la nature vivante lui suggérait aussitôt quelques réflexions morales et religieuses. Regarde, mon bon garçon, disait-il, comme tout cela est beau et majestueux. L'évangile est un bien beau livre, celui-là est plus merveilleux et plus sublime encore ; car il parle à tous, il parle aux yeux et à l'âme. Il n'y a pas besoin de savoir lire pour étudier ce livre-là. Ce ciel pur, ces grands peupliers qui semblent vouloir l'atteindre, ce soleil qui se couche et prête encore ses brillantes couleurs aux nuages ; ces prés jaunis, ces pâturages, cette verdure, mon Dieu ! que tout cela est donc beau ! Et que l'homme serait malheureux, si, au moment de quitter tout cela, il n'avait pas la certitude de trouver mieux encore ! Car, il faut s'en aller, mon pauvre Jacques, tôt ou tard, chacun à notre tour ; le mien doit venir bientôt. — Vous ! notre pasteur, reprit Caillat en souriant, nous n'en sommes pas là, Dieu merci ; vous êtes bâti à chaux et à ciment, comme on dit, c'est solide comme une cathédrale, et vous êtes bien sûr de passer les quatre-vingts comme le père Poirier et le père Fontenailles. Le curé hocha la tête et continua ses réflexions. — Oui, oui, la moisson sera belle cette année, et on la fera de bonne heure, tout sera rentré et battu avant l'Assomption ; voici des luzernes à leur seconde coupe, et nous ne sommes pas à la Madeleine. Toutes ces fêtes qui coupent si admirablement l'année, ne servent pas seulement à rappeler aux chrétiens leurs devoirs religieux, c'est encore une boussole pour les cultivateurs. On fait l'esprit fort, on dit que l'on ne croit à rien, et l'on dit : tiens, nous voilà déjà à la Purification !... les gelées ne sont pas très-fortes, nous allons tailler nos pommiers et penser un peu à notre blé de mars. Plus tard on se dit : tiens, comme le temps passe vite, nous voilà à la Pentecôte ; il faut faire parquer les moutons et commencer les greffes. On n'a pas plus tôt dit çà, que l'on s'aperçoit que la Saint-Jean approche, et l'on se met en quatre pour avoir de bons domestiques ; puis arrivent les fruits rouges et la Visitation. On remarque que les jours diminuent de deux heures à la Saint-Bernard. On s'apprête pour la vendange à la Saint-Michel ou à la Saint-Rémi. On renouvelle son bail à la Toussaint. Voilà le temps des contes, des veillées et de filer le chanvre ; et un mois plus tard, on ne manque pas d'aller chez un voisin, et on lui dit : venez donc samedi, compère, nous cuirons une galette et nous brûlerons la bûche de Noël. Voilà comment les douze mois se passent, et ceux qui font les incrédules et les impies, ne se doutent pas qu'ils chôment toutes les fêtes de l'église.

Tout en devisant ainsi, le curé et le

sacristain arrivèrent à la chapelle de la Bonne-Dame; le pasteur ne put se défendre d'un moment d'émotion en y entrant, il s'agenouilla au pied de l'autel et resta quelques minutes en prière; puis il se releva, et regardant fixement les carreaux mal joints qui garnissent le chœur: Jacques, dit-il, mon bon garçon, il faut que tu me fasses ici une promesse solennelle, c'est un service que je veux te demander. — Un service, mon pasteur! que je serais donc heureux de pouvoir vous en rendre dix! — Mon bon garçon, il faut que tu me promettes le secret. — Je vous le jure, M. le curé. — Jacques, je vais bientôt mourir, et c'est là, à cette place où tu poses ton pied que je désire être enterré. — Hein! quoi! dit Jacques tout troublé et en se reculant comme s'il eût mis sont pied sur de la chaux vive. — Ne parle de cela à personne, reprit le curé, et quand je ne serai plus, va trouver M. le Maire, dis-lui que telle a été ma dernière volonté, elle sera sacrée pour lui, j'en suis sûr, et tous mes paroissiens se feront un devoir de la respecter. Le sacristain ému ne répondit pas, quelques larmes tombèrent de ses yeux, il fit un signe de tête pour assurer encore qu'il obéirait. Puis ils sortirent pensifs et silencieux de la chapelle.

Le lendemain, étant tous les deux seuls dans la sacristie, le curé ouvrit une grande armoire et dit à Caillat : Mon bon enfant, tu vois cela ; il y a ici plus de trois cents cierges, il m'appartiennent, ce sont ceux des premières communions accumulées pendant quarante ans. Ils serviront à mon convoi, tu les distribueras à tous ceux qui viendront me rendre les derniers devoirs ; il se peut qu'il y en ait un grand nombre, et du mois mon enterrement ne coûtera rien ni à la fabrique ni à personne. Puis, considérant cet amas de cire avec une sorte de satisfaction : Oh ! oui, s'écria le pasteur, il y a quelque chose de pieux et de touchant dans cette idée que je garde dans mon cœur depuis quarante années ; plus d'une bonne femme du pays, mère et grand'mère aujourd'hui, peut retrouver dans sa main, en conduisant son vieux curé à la tombe, le même cierge qu'elle portait à l'église quand elle n'avait que douze ans. — Oh! c'est bien vrai, M. le curé, dit Jacques tout attendri et en s'essuyant les yeux.

Depuis ce jour, le bon vieillard alla s'affaiblissant chaque jour. La semaine dernière, il voulut absolument dire sa messe de six heures, quoiqu'il eût eu beaucoup de peine à se lever; il fallut même le soutenir sous les bras pour le conduire à l'église. Il reprit ses forces au bas de l'autel et officia comme en parfaite santé; mais il ne put aller jusqu'au bout, sa faiblesse fut plus forte que son courage, et voyant beaucoup plus de monde qu'à l'ordinaire dans les bancs et jusque dans le chœur, la pensée que la foule de ses paroissiens se pressait ainsi pour le voir et pour l'entendre encore une dernière fois, le toucha vivement; il ne put continuer, il s'évanouit presque, on fut obligé de le transporter chez lui, ce fut sa dernière messe. Il ne quitta plus le lit; les jours qui suivirent furent une agonie calme et douce, sans qu'il perdît connaissance un seul instant, sans qu'il souffrît, sans qu'il proférât la moindre plainte : on peut dire que ce fut une belle et sainte mort.

Quel spectacle que celui de cette foule qui se pressait sans cesse à la porte du presbytère, pour savoir de ses nouvelles! On se regardait, on n'osait s'interroger, et l'on pleurait en masse. On perdit toute espérance lorsqu'on vit entrer M. le curé de Nouan qui venait l'assister. Le mourant voulut revêtir l'étole qu'il portait aux premières communions, il défendit que l'on sonnât les cloches pendant qu'il recevrait le dernier sacrement. Oh! non, point de cloches, dit-il, je sais que l'on m'aime et que l'on me regrette, cela affligerait trop mes paroissiens, cela leur ferait trop de mal et à moi aussi. Je les connais, ils voudront tous venir ici pour me voir encore, et je n'aurai pas le courage de supporter une telle séparation et de voir tant de larmes.

L'abbé Latron s'entretint deux heures avec lui; quand il sortit de sa chambre, il était profondément ému. Oh! quelle confession! quelle belle confession, s'écriait-il, je n'en ai jamais reçu de pareille! Alors seulement ses parens et ses amis entrèrent; nous espérions le voir encore, nous qui l'aimions tant; nous nous approchâmes doucement de son lit, et restâmes à genoux pendant la cérémonie de l'extrême-onction. Chacun étouffait ses sanglots pour qu'il ne les entendît pas et n'en fût point troublé.

Sa voix seule rompit ce religieux silence : La communion! la communion, dit-il, et ce furent ses dernières paroles.

Je voulus déposer le baiser de paix et d'adieu sur ce front vénérable; puis je partis pour Souesmes, où je portai le premier la triste nouvelle de la perte que nous venions de faire. Je n'ai plus rien à vous dire, Monsieur, le deuil et les regrets que vous venez de voir sous vos yeux sont plus éloquents que moi.

Le narrateur se tut : l'étranger le quitta, en lui pressant la main et en lui disant : nous nous reverrons, je l'espère.

Une demi-heure après, le voyageur avait rejoint son valet de chambre et commandé que l'on attelât sa chaise. Bertevin remarqua un grand changement sur la figure de son maître. Le prélat semblait agité ; il parlait tout seul à voix basse, il avait le visage animé, le cœur gonflé ; il regardait la rue du village d'un œil scrutateur, paraissait en compter les maisons une à une. Puis il souriait, revenait sur ses pas jusque dans la cour de l'auberge, demandant plusieurs fois : Eh bien ! Sommes-nous prêts ? Les chevaux parurent. Il est inutile de nous tant presser maintenant, Monseigneur, dit l'affidé ; quelque diligence que nous fassions et la poste aussi, il nous faudra coucher à Vierzon ou à Vatan; impossible que nous nous rendions à Valençay à une heure convenable. Je me permettrai de dire que Son Eminence s'est amusée trop long-temps ici. Aussi n'irons-nous pas à Valençay, reprit l'Evêque d'un ton calme, mais avec un sourire qui annonçait de la satisfaction et du bonheur.—Comment! Mais où donc allons-nous, Monseigneur, dit le majordome un peu inquiet? vous étiez si impatient d'arriver!... Nous allons à Blois, répondit gravement Monseigneur; nous retournons sur nos pas jusqu'à Laferté. Je me suis informé du chemin, partons, dépêchons-nous; en passant la nuit, nous pouvons être à Blois demain dans la matinée. A Blois! à Blois! se disait Bertevin en lui-même, quelle fantaisie! quelle singulière idée! Nous manquerons l'archevêché de Strasbourg. On se mit en route. Le maître resta silencieux et pensif, le valet n'osa pas ouvrir la bouche. Bertevin remarqua seulement avec surprise que Monseigneur paraissait aussi impatient d'arriver à Blois qu'il avait semblé désireux de se voir à Valençay, et il ne comprenait rien à ce changement subit de destination.

A force de songer et de se creuser la tête, faisant mille suppositions plus ou moins absurdes, l'honnête Bertevin finit par s'imaginer que quelque nouvelle extraordinaire était arrivée inopinément à son maître ; que son illustre protecteur était mort peut-être, ou que l'archevêché vacant était donné ; ou mieux encore, qu'il était passé par hasard à Salbris un courrier extraordinaire venant de Rome, annonçant la mort du Pape, et que *subitò* Son Eminence, dont il connaissait l'ambition de longue date, s'était éprise de la douce idée du Saint-Siége. Le bonhomme n'y connaissait rien.

On arriva enfin à Blois ; Monseigneur se laissa conduire dans le meilleur hôtel, ordonna à Bertevin de tirer de ses coffres sa plus belle soutane, et attacha lui-même au-dessus de sa ceinture un ruban rouge, tout neuf, auquel appendait une croix d'émail à cinq branches; puis, suivi de son fidèle valet, il se rendit à pied chez l'évêque.

Rien de plus bourgeois, rien de plus simple que la vie intérieure et extérieure du digne évêque de Blois. Le prélat voyageur, qui avait vu tant de luxe et de decorum même chez les plus modestes curés de la capitale, admira cette ingénuité qui était pour lui d'un bon augure; un seul domestique le reçut dans une antichambre de douze pieds à peine.

Bertevin énuméra avec complaisance les titres nombreux et les décorations de son illustre patron, qui n'aurait pas été plus tôt ni mieux reçu, quand bien même il n'eût été qu'un pauvre petit desservant de paroisse.

Les deux évêques furent bientôt en présence. Eh! quoi! C'est vous, Monseigneur, s'écria, fort surpris, l'évêque de Blois! Qui peut donc me favoriser de votre visite?

D'après les bruits qui se répandent, je croyais déjà Votre Eminence dans son archevêché. — Monseigneur, répondit le nouveau venu, je ne songe plus à devenir archevêque, mon ambition tombe de bien haut aujourd'hui; je viens vous demander une des plus modestes cures de votre diocèse. Pour qui donc, reprit le Prélat, de plus en plus surpris? Pour moi-même, Monseigneur, continua l'Eminence. Pour vous! pour vous! s'écria le vénérable ecclésiastique. — Oui, Monseigneur, je renonce à toutes les grandeurs de ce monde, je viens vous prier de me faire curé de Salbris.

Le saint homme jeta un coup-d'œil scrutateur sur toute la personne du postulant, considéra sa soutane neuve, la perfection de sa coiffure et son beau ruban rouge; puis il dit avec le plus grand calme: Je viens d'apprendre la perte que j'ai faite, Monseigneur, et déjà je me suis empressé d'y pourvoir, j'ai regret que vous veniez si tard. — Oh! cela ne se peut, reprit vivement le voyageur, il est impossible que vous me refusiez la pauvre cure de Salbris. — Vous êtes trop haut placé dans l'église, Monseigneur, répondit gravement l'évêque. —N'importe, reprit le solliciteur, j'ai un exemple si touchant, si sublime sous les yeux, que toute mon ambition est d'être curé comme Bézard. — Comme Bézard ! comme Bézard ! interrompit l'évêque de Blois avec une sorte de brusquerie qui ne lui était pas habituelle, hélas! contentez-vous d'être archevêque de Strasbourg ; pour remplacer Bézard, il faut un cœur naïf et des vertus simples que vous n'avez pas. Le prélat se mordit les lèvres et se retira.

Quelque temps après, le nouveau desservant de la petite cure de Salbris reçut une belle croix de procession en argent ; on remit au maire de Souesmes une jolie tabatière en or, sans que l'on sût de quelle part venait ce double cadeau.

Le voyageur inconnu dont nous venons

de parler ici, ne retourna ni à Valençay, ni à Blois, ni en Sologne. On apprit depuis, fort indirectement, qu'il était archevêque de***, cardinal et pair de France; mais au sein des grandeurs apostoliques, au milieu des adulations d'un clergé nombreux, sous le nuage d'encens d'une riche métropole, il s'écrie souvent: « Que sont » toutes ces gloires de la terre, quand on a » vu les funérailles du curé de Salbris! »

Notes.

Le Fénélon du Village.

CHANSON FAITE A SALBRIS EN 1824, POUR LA FÊTE DE L'ABBÉ BÉZARD, CURÉ DE CETTE PAROISSE.

Air *de l'Angelus* (*de Romagnési*).

Delille, ô poëte du cœur !
Embrase-moi de ton délire ;
Pour chanter notre bon Pasteur
Prête-moi les vers et ta lyre.
Ce vieillard modeste et pieux,
Qui veut éviter notre hommage,
C'est le père des malheureux,
C'est le Fénélon du village.

Dans une douce obscurité
Il vit ainsi que les apôtres ;
Pour lui plein de sévérité,
Plein d'indulgence pour les autres.
Au presbytére hospitalier
Venez voir, écouter un sage :
Plus d'un prélat peut l'envier,
C'est le Fénélon du village.

Digne organe d'un Dieu clément,
Il rend la foi plus révérée ;
Car il pleure, en lui pardonnant,
Avec la brebis égarée.
L'indigent, qui marche à pas lents,
Et le bénit sur son passage,
Dit, saluant ses cheveux blancs :
C'est le Fénélon du village.

Au temps de nos premiers fléaux,
Temps d'anathème et d'ignorance,
Sous la pourpre des cardinaux
Le crime a fait gémir la France.
Fuyant le faux zèle des cours,
Et le fanatisme et l'orage,
La vertu demeura toujours
Chez le Fénélon du village.

Le Presbytère.

CHANSON FAITE AU PRESBYTÈRE DE SALBRIS POUR LA FÊTE DE L'ABBÉ BÉZARD EN 1826.

Air *de Bélisaire*.

Tendres parens, enfans chéris,
En ce jour que l'on sanctifie,
Du patriarche de Salbris
Trahissons tous la modestie.
Qu'un poète, au rang des valets,
Esclave des grands de la terre,
Vante les cours et les palais,
Je chante l'humble presbytère.

Le riche, au sein de ses plaisirs,
Repoussant la triste indigence,
Compte l'or qui sert ses désirs,
Et vit seul dans son opulence.

Le malheureux a tressailli
En fuyant sa demeure altière,
Il sera du moins accueilli
Sous le chaume du presbytère.

Au vatican j'entends le bruit
Des cloches saintes et des armes :
Au vicaire du Saint-Esprit
Il faut donc aussi des gendarmes ?...
Sous le toit de l'homme de bien
La défiance est étrangère,
Pour toute garde on voit un chien
A la porte du presbytère.

Avide de gloire et de sang,
Un guerrier après vingt batailles,
Ordonne un triomphe éclatant,
L'airain fait trembler nos murailles.
Lorsqu'après nos temps de malheurs,
Tant d'enfans revirent un père ;
De joie on répandit des pleurs
A son retour au presbytère.

Au sein de nos fières cités,
Des prélats vains et despotiques
Exploitent nos iniquités,
Et font payer cher leurs cantiques.
Notre Pasteur, héros chrétien,
N'a jamais vendu la prière ;
On donne et ne demande rien
Chez l'apôtre du presbytère.

La tombe du vénérable curé P. Bézard est encore aujourd'hui dans la petite chapelle où il avait désiré être inhumé. C'est une simple pierre sur laquelle sont gravés ces vers :

Vieillards, il était votre frère,
Pleurez tous l'ami qui n'est plus ;
Pleurez, enfans, pleurez un père,
Pleurez soixante ans de vertus.

Précis

D'UNE CONVERSATION AVEC UNE DAME QUI EXALTAIT LES TALENS DES PROTESTANS.

La conversation nous a conduits sur l'éloquence qu'on admire ordinairement dans les ministres protestans auprès de leurs mourans; il est aisé d'établir la comparaison entre le ministre protestant et le ministre catholique, et de démontrer si l'un parle au cœur plus précisément que l'autre dans ce dernier moment de la vie.

Je conviens que le ministre protestant a besoin de recourir au pouvoir de l'éloquence pour soutenir, consoler le mourant; il faut qu'il frappe l'oreille pour arriver au cœur, présenter à ce cœur tout le bonheur de la vie future, et le rassurer sur son éternité; il faut pour cela des talens. Mais le prêtre catholique arrive chez le mourant, portant dans ses mains le Dieu sauveur de tous, le Dieu de la miséricorde, et l'huile sainte des derniéres onctions; alors, sans beaucoup de paroles et sans efforts de rhétorique, il dit au malade :

Précis d'une conversation
avec une dame qui exaltait les talents des
Protestants

La conversation nous a conduit sur l'éloquence qu'on admire ordinairement dans les ministres protestans auprès de leurs mourants.

Il est aisé d'établir la comparaison entre le ministre protestant et le ministre catholique et de démontrer si l'un parle au cœur plus puissamment que l'autre dans ce dernier moment de la vie.

je conviens que le ministre Protestant a besoin de tous les efforts de l'éloquence pour soutenir, consoler le mourant. Il faut qu'il frappe les oreilles pour arriver au cœur et présenter à ce cœur tout le bonheur de la vie future, et le rassurer sur son éternité il lui faut pour cela des talents.

Mais le Prêtre catholique arrive chez le mourant portant dans ses mains le Dieu Sauveur de tous, le Dieu de la miséricorde et l'huile-sainte des dernières onctions.

Alors sans beaucoup de paroles et sans effort de Rhétorique il dit au malade: adorez, mon frère, votre Dieu, votre Sauveur réellement présent sous ces espèces sacramentelles.

« Adorez, frère, votre Dieu, votre sauveur, réellement présent sous ces espèces sacramentelles ». Le mourant voit son Dieu, il jouit du bonheur de le recevoir dans sa maison avant d'avoir celui de le recevoir dans son cœur. Quel doux sentiment s'empare de son âme! Bientôt le prêtre, prosterné devant l'hostie sainte, invite les assistans à prier pour l'infirme; il lui a suffi d'avertir le malade de s'unir à ses prières. Le mourant voit le ciel et la terre réunis pour fléchir la miséricorde divine en sa faveur; dans son cœur alors il dit : « Mon Dieu, je l'avoue, je ne mérite pas d'être exaucé; mes erreurs, mes péchés s'opposent à votre clémence; mais si vous ne m'exaucez pas, exaucez les prières du ciel et de la terre, des Saints et des hommes, et, par leurs mérites, unis aux mérites infinis de J.-C., vous me ferez miséricorde ».

Cette miséricorde ranime la confiance, et elle fait l'espérance du mourant. Le prêtre s'approche de son lit, muni de l'huile sainte, lui dit deux mots sur l'efficacité d'un sacrement qui remet les péchés, et qui même peut guérir le corps; il fait les onctions sur tous les sens, et ces sens sont purifiés de toutes les souillures qu'ils ont contractées, et en sont sanctifiés. Par l'onction sur les oreilles; l'ouïe est purifiée de tous les discours ou anti-religieux ou obscènes et impurs, auxquels elle a prêté son attention, et elle est sanctifiée. Par l'onction sur la bouche; la langue est purifiée de tous les propos, de toutes les paroles mauvaises, contraires soit à la charité, soit à la belle vertu de la pureté, soit aux vérités de la religion, de tous les blasphêmes qu'elle a proférés, et elle est sanctifiée. Par l'onction sur la poitrine; le cœur, d'où sont sorties les mauvaises pensées, les inclinations perverses, tous les crimes en un mot, ce cœur si coupable est purifié de toutes ses souillures, et il est sanctifié. Par l'onction sur les mains, sur les pieds; les mains, instrument de tant d'injustices, de tant de fraudes, de tant de rapines; ces pieds coupables de tant de démarches, sont purifiés et sont sanctifiés. Purifié dans tous les sens, le mourant peut donc dire comme Desbarreaux :

> Mon Dieu, sur quel endroit tombera ton tonnerre,
> Qui ne soit tout couvert du sang de Jésus-Christ ?

Quel puissant motif de consolation, et, de la part du prêtre, presque point de paroles! Celles-ci seulement: « Voici, mon frère, voici l'agneau de Dieu, voici celui qui porte les péchés du monde»; consolantes paroles qui s'adressent à l'âme. Par elles, le prêtre réveille la foi, et l'infirme croit et adore son Dieu, son sauveur; l'âme sent tout l'amour de ce Dieu, et elle aime. « Recevez, mon frère, le viatique du corps et du sang de Jésus-Christ, il vous conduira à la vie éternelle », et le mourant reçoit son Dieu. O moment heureux!

l'âme alors est remplie ; elle n'espère plus seulement, elle possède. Son cœur est le trône et le siége de son juge. Dans ce précieux instant où elle n'est plus qu'une seule et même chose avec son Dieu, elle ne redoute plus ses jugemens ; car rien ne la sépare de lui. Cette âme, si consolée, voit plus tranquillement la dissolution de son corps ; pleine de confiance en l'efficacité des sacremens et dans la miséricorde de son Dieu, elle ne voit plus en lui qu'un juge guidé par la clémence qui la recevra dans son sein, et l'établira dans le séjour de la gloire. Enfin, le prêtre lui présente la croix, le mourant adore ce gage de son éternité bienheureuse ; il colle ses lèvres expirantes sur les plaies d'un Dieu mort pour son salut, et, dans cette attitude chrétienne, il exhale son dernier soupir.

Dites, Madame, le ministre protestant a-t-il des moyens de consolation aussi efficaces ? A-t-il des réalités aussi présentes à offrir au mourant ? Non ; il a des mots et seulement des mots. Et le prêtre catholique a des choses, et des choses bien rassurantes. Sans doute que le prêtre accompagne ces choses si heureuses des exhortations qui y sont relatives, et, sans grand art, il dit des choses essentiellement bonnes et extrêmement consolantes.

Je ne parle point du moyen précurseur dont a usé le prêtre catholique, je veux dire le sacrement de pénitence, par lequel les péchés ont été remis au malade par l'absolution qu'il en a reçue, moyen bien puissant de consolation pour le mourant, moyen qui manque encore au ministre protestant.

Enfin, je compare le ministre protestant à un riche qui, visitant un pauvre, lui dit « Prenez courage, mon frère, je vous visiterai, je prendrai soin de vous, je vous prêterai des secours », lui fait de beaux discours, et s'en tient là. Je compare le prêtre catholique à un autre riche, qui de même visite un pauvre, mais qui, sans dire mot, ou bien peu de mots, lui porte du pain, de la viande, et lui met quelques écus dans la main.

Pour la Paix,

PUBLIÉE LE 5 AVRIL 1801, JOUR DE PASQUES.

Benedixerunt in cœlum eum qui prosperavit eis.

Ils bénirent celui qui réside dans le Ciel comme l'auteur de leurs prospérités.

1. *Machab.* c. IV. v. 55.

C'EST en adorant le Seigneur, c'est dans le temple de Jérusalem que Judas Machabée et sa troupe vinrent rendre au Dieu des armées leurs actions de graces, pour les victoires qu'ils avaient remportées. Ils avaient vaincu leurs ennemis; leurs victoires leur avaient donné la paix, et ils consacrèrent leur premier repos au Seigneur. Ils reconnaissaient que tous les événemens sont en sa main, qu'il les dirige ou selon ses miséricordes ou selon sa justice. C'est donc à l'auteur seul de leurs triomphes qu'ils rendent de solennelles actions de graces: *Benedixerunt in cœlum eum qui prosperavit eis.*

C'est dans ces mêmes sentimens, Messieurs, c'est dans ces mêmes dispositions que vous entrez aujourd'hui dans le temple du Seigneur; c'est aux pieds de Dieu que la France victorieuse vient exposer les lauriers que ses braves soldats lui ont moissonnés. Quelles actions de graces ne vous devons-nous pas, Seigneur!

Vous avez, grand Dieu, dans votre paternité, mis fin aux malheurs inévitables d'une guerre longue et sanglante, et toujours triste pour le vainqueur; enfin, aujourd'hui vous nous donnez la paix. Ah! qu'il m'est doux, Seigneur, d'être le ministre qui annonce cette paix à votre peuple! *Loquetur pacem in plebem suam*. Qu'il m'est consolant de voir le gouvernement reconnaître un Dieu, le reconnaître comme le dispensateur et le moteur des grands événemens! Qu'il m'est consolant d'unir ma voix à celle des héros de la France, pour chanter les louanges du Tout-Puissant, bénir son saint nom, célébrer ses grandeurs et sa magnificence; en un mot, lui rendre, avec eux, des actions de graces solennelles pour la paix que la France vient de sanctionner avec les puissances du continent!

Heureuse paix, fille du ciel, viens toi-même m'aider à tracer tout le bonheur qui t'accompagne et te suit! Mais, Messieurs, cette paix extérieure, avec tous les grands avantages qu'elle nous promet, ne serait rien sans la paix intérieure, sans les doux et heureux épanchemens d'une fraternité chrétienne. Point de vrai bonheur sans cette paix dernière ; ainsi donc que la première soit couronnée par les bienfaits de la seconde ! Que cette douce paix se multiplie au milieu de nous ! *Pax vobis multiplicetur.* En deux mots, avantage de la paix extérieure, c'est-à-dire avec l'étranger ; nécessité de la paix intérieure, c'est-à-dire entre tous les Français. Ces deux réflexions vont faire le partage de ce discours; daignez m'accorder un moment d'attention.

En énumérant les avantages de la paix, signée à Lunéville par les plénipotentiaires de la France et de l'Europe, je ne prétends point ici relever votre fierté en vous faisant voir les limites de la France portées jusque sur les bords du Rhin, et vous peindre le Rhin étonné de se voir français ; je n'entreprendrai pas de compter les villes toutes riches et peuplées de la Belgique, qui vont faire partie de la France ; je ne veux pas calculer ici les grands produits du fertile pays qui se trouve joint au sol français, ni vous représenter la France victorieuse dictant des lois à l'empire germanique, créant des États nouveaux ; en un mot, se montrant, en quelque sorte, la maîtresse et la dominatrice de l'Europe. Cette tâche n'entre point dans mon but, elle serait même au-dessus de mes forces. Ces avantages sont ceux du gouvernement ; c'est l'ouvrage d'un diplomate, ils peuvent satisfaire l'orgueil national. Je me borne à des pensées plus douces, je m'arrête à des espérances plus prochaines. Déjà je vois les troupes se rapprocher du territoire français ; déjà, pères et mères, je vois vos enfans rentrer dans leur patrie et voler dans vos bras, baigner des larmes de la joie vos joues paternelles, coller leur bouche à la vôtre ; il me semble être le témoin, et de la tendre émotion de votre cœur, et du ravissement de votre joie et de celle de vos enfans ; il me semble vous entendre dire : « Le voilà revenu, ce cher enfant !... A combien de dangers il a échappé !.. Mille fois il a vu la mort à ses côtés ! Se peut-il qu'il vive ? Oui, il vit, je le revois ; je ne regrette plus de mourir. » Ces sentimens, Messieurs, peuvent-ils m'être étrangers ? Hélas ! non, je partage votre affection paternelle, je me complais à les appeler mes enfans. Votre joie sera la mienne, votre bonheur sera le mien, je les reverrai, ces chers enfans ! O jour fortuné, quand luiras-tu pour nous ! Que ne puis-je, par mes vœux et mes empressemens, hâter ton retour !

Avec vos enfans je vois fleurir l'agriculture, la véritable richesse de nos campagnes ; depuis trop long-temps les bras ont manqué, l'agriculture s'est, en quelque sorte, rétrécie dans chaque lieu, dans chaque ferme. Avec des bras, les travaux n'étonneront plus, chacun reprendra les anciennes limites de la culture ; un ensemencement plus étendu nous produira une moisson plus abondante, et celle-là nous annoncera un ensemencement plus étendu encore.

Ainsi des sillons presqu'effacés vont reparaître sur nos guérêts, et reproduiront l'abondance, la vraie richesse. Peut-être quelques-uns d'entre vous s'étonnent-ils déjà, déjà peut-être appréhendent-ils que la paix n'occasionne l'enlèvement des grains ? Mais, Messieurs, reposez-vous sur la sagesse du gouvernement, il ne permettra pas que la cupidité de quelques riches, tourmentés de la soif de l'or, épuisent cette denrée ; il se servira de leur cupidité pour alimenter le commerce, et non pour créer la disette.

Enfin, avec la paix, je vois les impôts diminuer ; car de grandes armées à soutenir, douze cent mille combattans sur le pied de guerre, quelle dépense incalculable, et plus encore, quelle dilapidation ! Hélas ! Le plus instruit ne peut les suivre dans leurs ramifications infinies ; par conséquent, que d'impôts il fallut créer ! Mais, de ces nombreuses armées, il ne restera plus à la France que les troupes nécessaires pour se maintenir sur un pied respectable à ses voisins ; alors combien de dépenses retranchées ? Ainsi, M. C. F., c'est avec une assurance bien ferme que je le dis ; les impôts diminueront, nos richesses s'accroîtront, tous nous serons heureux. La vie ne sera plus au bon Français une existence à charge, nous nous dédommagerons honnêtement, dans une tranquille abondance, des privations multipliées de la révolution. Nous oublierons même, si on peut l'oublier, cette fatale révolution, pour ne plus goûter que les doux fruits de la paix; non-seulement de cette paix dont je viens d'énoncer les avantages, mais encore, mais bien plus, de la paix intérieure. Je l'ai dit, point de vrai bonheur, si cette union entre tous les citoyens français ne vient couronner les bienfaits de la paix avec l'étranger. O douce paix! viens réunir nos cœurs, éteindre les haines, étouffer les vengeances; couronne ton ouvrage en apprenant au bon peuple français à reconnaître un Dieu et à suivre son ancienne religion!

Avant tout, nous dit Saint Pierre, créons au milieu de nous une charité, un amour pour nos fréres, incapable de vicissitude et d'altération; que cette douce fraternité se montre par les devoirs mutuels de la société! (*Ante omnia autem, mutuam in vobismetipsis caritatem continuam habentes*).

Long-temps et trop long-temps on a abusé de cette expression, qui fut celle des premiers chrétiens, qui rappelle ces beaux jours du christianisme naissant, où tous les fidèles n'avaient qu'un cœur et qu'une âme, dont tous les momens étaient marqués par des bienfaits, par les démonstrations et les actions, surtout, de la plus sincère charité. Le mot fraternité a été défiguré, dénaturé par les méchans, et les frères et amis de la révolution ont été des monstres, qui ont renchéri sur les monstres qui ont été connus dans l'histoire. Ils ne vous appelaient frères que pour vous plonger le poignard dans le sein; ils ne vous donnaient le baiser de la fraternité que pour vous désigner aux couteaux de leurs sicaires; ils ne vous tendaient la main que pour vous rapprocher de la massue avec laquelle ils vous faisaient tomber expirans à leurs pieds.

Mais, hélas! pourquoi en un si beau jour rappeler des jours de deuil, des jours qui, selon l'expression de Job, devraient être effacés du nombre des jours; des jours d'opprobre pour la France, des jours dignes d'un éternel oubli. Jetons sur ces temps d'affliction un voile qui les dérobe à notre vue, pour ne nous plus laisser entrevoir que les heureux momens d'une fraternité chrétienne.

C'est dans les doux épanchemens d'une charité à toute épreuve, dans les devoirs mutuels de cette sincère amitié; c'est en suivant les tendres impulsions de la plus pure affection, que nous devons maintenant remplir nos momens. (*Animas vestras castificantes in obedientia caritatis, in fraternatis amore*). Ainsi nos jours seront pleins et heureux, les réunions se formeront, les hommes se rapprocheront, et chacun oubliera les erreurs ou même les écarts de son frère. Ainsi donc cette réunion intime ne fera plus des Français qu'une seule famille, dont tous les sentimens se confondront dans les expressions et dans les actes de la plus sincère affection.

Dieu de paix et de miséricorde, daignez nous inspirer à tous ces heureuses dispositions, embrasez vous-même nos cœurs de cette douce charité, dirigez-les vous-même dans cette affection que vous nous commandez, et dont vous nous donnez l'exemple.

Dieu de paix, si nos cœurs sont pleins des beaux sentimens de la charité, pourraient-ils être accessibles aux noirceurs de la haine! Oh! M. F., non; la charité est douce, pleine de bonté; elle ne s'irrite point, elle pardonne, elle oublie les injures. Quand je ne le dirais qu'à des déistes, ils sentiraient ces vérités; mais quand je parle à des chrétiens, je le dis avec une pleine conviction, il ne peut y avoir de haine dans les chrétiens. Si cependant quelques sentimens haineux fermentaient dans leurs cœurs, je leur adresserais ces paroles:

« Disciples de Jésus, écoutez votre Dieu qui vous

parle, écoutez votre maître qui vous ordonne de pardonner; il ne borne pas son commandement au simple pardon des injures, il veut que vous pardonniez à vos ennemis; il ne veut pas que votre amour se borne au sentiment d'une stérile affection, il veut qu'il se montre par les œuvres, et que vous fassiez du bien; que, pour les injures, pour les cruautés mêmes, vous rendiez des services; que vous partagiez votre pain avec celui qui vous l'a ôté. C'est là, vous dit-il, le caractère distinctif de mes disciples (*in hoc cognoscent omnes quia discipuli mei estis*). Ne vous retranchez pas sur la barbarie de vos ennemis, il veut que vous pardonniez à tous; ne comptez pas leurs forfaits, il veut que vous les pardonniez tous, il veut que vous les pardonniez sur-le-champ, et que le soleil ne se couche point sur votre colère (*sol non occidat super iracundiam vestram*); il le veut, mais il vous encourage par son exemple; car il a pardonné à ceux qui l'ont attaché sur la Croix. Aujourd'hui il vous offre le pardon de tous vos blasphêmes, et contre son saint nom et contre les mystères de son incarnation, de sa naissance, en un mot contre ceux de sa religion; enfin, de toutes vos ingratitudes, de tous vos crimes, il vous promet le pardon si vous pardonnez vous-mêmes. » Qui pourrait résister à tant de sollicitations, qui pourrait maintenant chercher à se venger? Hélas! non, un Français, un chrétien doit étouffer tout sentiment de vengeance; la révolution est passée, je le dis avec une douce espérance, les vengeances doivent donc cesser. Plus, donc, de dénominations injurieuses, on ne doit plus connaître d'aristocrates, de démocrates, de jacobins; plus de ces expressions qui désignent des partis. En ces beaux jours de paix, les Français doivent être des amis, des frères. C'est maintenant qu'il faut déposer toute malice (*Deponentes igitur omnem malitiam*), qu'il faut déposer le dol et la fourberie (*et omnem dolum*), la duplicité et la supercherie (*et simulationes*), la noire envie, la basse jalousie (*et invidias*); c'est aujourd'hui qu'il faut ne plus connaître ces dénominations qui ont porté la peine, les chagrins, les persécutions, les incarcérations, et souvent la mort dans les familles (*et omnes detractationes*). C'est aujourd'hui que celui qui s'est rendu coupable de ces atrocités, doit se montrer repentant de ses écarts, et tâcher de les réparer; que celui qui en a été la victime doit tout oublier; c'est aujourd'hui que nous devons tous nous donner le baiser sincère de la réconciliation, que nous devons nous jurer une paix la plus entière et la plus cordiale. (*In pietate autem amorem fraternitatis, in amore autem fraternitatis caritatem.*) Ces grands biens de la paix intérieure ne peuvent être consolidés que par la religion, Messieurs; elle seule peut en consacrer les principes, elle seule peut en cimenter les bases, elle seule peut en resserrer les nœuds, elle seule peut en aider la pratique. C'est donc à l'abri de cette paix que vous pouvez, Chrétiens, ne plus rougir de cette auguste qualité de chrétiens, et professer publiquement une religion dont on n'eût jamais dû s'éloigner. Oui, je le dis avec confiance, nous pouvons tranquillement professer le libre exercice de notre culte, et la démarche que vous faites aujourd'hui, Messieurs, me remplit de cette conviction.

Vous le savez, Messieurs, le gouvernement, même dans la plus grande effervescence de la révolution, sentit la nécessité de cette liberté, et un décret proclama le libre exercice des cultes. Les églises furent même alors accordées, chacun crut pouvoir professer sa religion. Le catholique, comme les autres, reçut cette loi comme un bienfait; les cérémonies de la religion commencèrent, et le peuple s'empressa de suivre sa croyance religieuse; mais le catholique y fut trompé; cette prétendue liberté n'était pas pour lui; cette loi fut pour lui, non une loi, mais un leurre, un piége véritable. La persécution ne se montra point à découvert, j'en conviens, mais elle n'en fut que plus cruelle.

Je sais qu'on ne publia point de loi contre la catholicité, mais on enleva ses ministres, on répandit une terreur plus terrible que sous l'infâme Robespierre. Alors on nous avait ôté jusqu'à nos églises, c'est vrai; mais du moins on nous avait dit qu'on ne voulait plus de culte catholique; on nous persécutait, mais au moins on nous disait pourquoi.

Mais, sous cette prétendue loi de la liberté des cultes, les agens supérieurs du gouvernement ne veulent pas que les agens subalternes professent leur culte, ils ne veulent pas que le militaire suive sa religion. Ce n'est pas assez, ils machinent un culte décadaire et prétendent soumettre les croyances religieuses à l'opinion décadaire ; de sorte que, dans leur impiété, ils prétendent fixer au souverain maître du monde la manière dont il doit être adoré ; ils se montrent avares envers leur Dieu, et ils retranchent sur le nombre des jours que Dieu lui-même a fixés pour son culte. Ce n'est plus Dieu qui dirige son culte, c'est l'impiété elle-même qui le régle, qui en prescrit le mode, en fabrique les prétendues priéres ; et un membre du gouvernement, en prophéte nouveau, donne une dénomination nouvelle à ce prétendu culte. Œuvre de démence, qui, selon la pensée de Gamaliel, ne devait pas durer, qui renfermait en elle un principe de dissolution, et qui, par conséquent, devait bientôt rentrer dans le néant, d'où elle n'eût jamais dû sortir.

Mais cette loi de la liberté des cultes, la paix nous l'assure ; le gouvernement en sent la nécessité. Cette loi ne sera plus un vain fantôme, mais une loi avec la protection du gouvernement.

Le gouvernement le sent; point de gouvernement sans mœurs, point de mœurs sans religion; aussi, je le dis dans le ravissement de ma joie, nous pouvons, je dis plus, nous devons nous montrer chrétiens et catholiques. Le militaire, les agens du gouvernement, ne seront plus dans la dure nécessité d'éviter les actes extérieurs de religion. Je dis encore, le gouvernement veut des hommes probes dans ses places; et, il le sait, point d'hommes vraiment probes sans religion; ainsi donc, pour parvenir à des places ou pour s'y maintenir, le catholique n'aura pas à rougir de sa religion. Ainsi ne craignons plus; obéissons aux mouvemens de notre cœur, obéissons à notre conscience, suivons les impulsions de notre religion, montrons-nous chrétiens et catholiques; que la paix soit l'époque où nous saurons rendre à Dieu ce que nous lui devons, et pratiquer la religion sainte que Jésus-Christ est venu nous enseigner. (*Pax adimpleatur in cognitione Dei et Christi-Jesu Domini nostri!*) Tout nous y engage; le héros immortel dont Dieu s'est servi pour nous donner la paix, le nouveau Cyrus permet que les temples retentissent de nos chants de joie, et que, dans les temples, nous rendions au Seigneur de solennelles actions de graces pour la paix qui vient d'être signée; et bientôt, je l'espère, il se prononcera et dira, comme Judas-Machabée : «Nos ennemis ont mordu la poussière, montons au temple le purifier des profanations de l'impiété, et le réparer. (*Contriti sunt inimici nostri; ascendamus nunc mundare sancta, et renovare.*) » Ne craignez plus, je le répète, l'antre affreux où se machinaient des horreurs toujours nouvelles contre la religion ; il est fermé. Notre héros a connu, a éprouvé lui-même toute la profondeur de la malice de cette société, qui s'est prononcée contre toute religion, qui a jeté le peuple dans les erreurs de l'athéisme, qui a dressé son plan destructeur contre le ciel même.

Il a suivi toutes ses trames et les a rompues, il l'a réduite au silence ; et, je me complais à le croire, il en étouffera jusqu'au dernier rejeton. *Recordatus est malitiam filiorum Bean, qui erant populo in laqueum, et in scandalum, insidiantes ei in viâ.... et anathematisavit eos.* Et, Dieu daigne exaucer mes vœux ! elle ne se reproduira point avec l'esprit de vertige, de fureur et de destruction qui en était l'âme.

Qui pourra donc maintenant nous arrêter ? rien du moins de raisonnable et de fondé. Ainsi professons librement, et dans la sincérité de notre cœur, notre religion sainte ; suivons-en les pratiques ; que le magistrat, le militaire, se joignent à nous avec tout le peuple dans l'exercice de son culte ; que la paix nous réunisse tous ; qu'elle s'accomplisse dans la connaissance du vrai Dieu et dans la pratique de la religion, que Jésus-Christ nous a acquise au prix de son sang ! (*Pax adimpleatur in cognitione Dei et Christi-Jesu Domini nostri !*) Ces sentimens de conversion sont une grace, nous vous la demandons, divin Jésus; aujourd'hui vous triomphez de la mort, triomphez de nos cœurs. Donnez-nous la paix avec toutes les puissances étrangères, faites que bientôt ce voisin orgueilleux, qui se refuse à des propositions sages et honorables de paix, s'y trouve contraint par la force de nos armes ; ou plutôt, Dieu, qui changez les cœurs, inspirez à ce peuple des instructions et des dispositions pacifiques, afin que cette paix ne soit plus une paix partielle, mais une paix générale !

Surtout, Dieu de bonté, donnez-nous la paix entre nous, cette paix que le monde ne peut nous donner ; réunissez nos cœurs, nos âmes, dirigez-les dans les sentimens de la plus sincére et de la plus pure religion.

Cette paix, cette union, nous seront comme les avant-goûts de cette paix inaltérable, dont vous récompensez vos fidèles serviteurs dans le Ciel. Puissions-nous y participer tous ensemble ! Dieu nous en fasse la grace ! — Ainsi-soit-il.

TE DEUM.

BIBLIOTHÈQUE ROYALE

TABLE.

	Pages.
I. Le Convoi.	1.
II. Les Dragons.	25.
III. Le Retour.	51.
IV. L'Asile.	73.
Notes.	127.

www.ingramcontent.com/pod-product-compliance
Ingram Content Group UK Ltd.
Pitfield, Milton Keynes, MK11 3LW, UK
UKHW020142220726
13923UKWH00001B/326